현대인을 위한

불교상식
108 문답

한영출판사

국립중앙도서관 출판예정도서목록(CIP)

(현대인을 위한) 불교상식 108문답 / 지은이 : 한영출판사 편집부 外.
-- 대구 : 한영출판사, 2018
      ρ. ;   cm

감수 : 이만
ISBN   978-89-88670-68-2 03220 : ₩5000

불교[佛敎]
상식 백과[常識百科]

220-KDC6
294.3-DDC23   CIP2018014303

현대인을 위한

불교상식 108문답

이만(李萬) 교수 감수 / 편집부 外 지음

한영출판사

머리말

삼국시대에 우리나라에 불교가 전래된 이후로 불교는 수천 년 동안 우리 민족의 정신세계에 깊이 뿌리내렸습니다. 우리가 알고 있는 그 어떤 종교보다도 불교는 오랜 시간을 우리의 삶과 함께 해왔고, 많은 문화적·정신적 유산을 남겼습니다. 그러므로 불교사상을 섭렵하지 않고서는 한국인의 삶과 문화를 이해한다는 것은 사실상 어려운 일입니다.

오늘날 우리가 불교를 이해하는 것은 우리 자신의 문화와 정신세계를 자각한다는 것을 의미합니다. 그리고 자신의 삶에 부가된 괴로움으로부터 스스로를 구제하는 존재가 된다는 것을 의미합니다. 일찍이 영국의 역사학자인 아놀드 토인비는 "동양의 불교가 서양에 들어온 것은 20세기 최고의 사건"이라고 했던 바와 같이, 불교에 대한 이해는 동시대 세계인의 지성적 양식과 소양을 함양하는 공부이기도 합니다.

이 책은 우리가 평소에 두루 알고 있다고 생각하지만, 사실은 제대로 알지 못하고 있거나 오해하고 있는 '불교 교리'에 대해서 궁금했던 질문들을 간결하게 풀어 놓은 문답집입니다. 오랫동안 절에 다녀도 불교의 기본교리를 잘 모르는 불자들, 그리고 불교를 처음 접하는 일반인들에게도 이해하기 쉽게 설명하려고 노력하였습니다.

이 책의 1부에서는 불교가 어떤 종교이며, 다른 종교나 사상들과 구별되는 점은 무엇인지, 그리고 어떻게 다양한 방법으로 사유하면서 발전해왔는지를 요약하였습니다. 무엇보다도 불교의 가장 중요한 개념인 연기법(緣起法)에서부터 업(業)과 윤회(輪廻) 사상에 대한 내용까지를 기존의 일반적인 통념이나 인습에서 벗어나 올바르게 전달되기를 바라는 마음으로 구성하였습니다.

2부에서는 불교의 교주인 석가모니부처님에 대해 꼭 알아야 할 기본적인 상식을 담았습니다. 부처님이 어떤 분이시며 그 분의 행적은 어떠했는지, 그리고 경전에 전하고 있는 부처님 당시 교단의 모습에 대해서도 이해를 도울 수 있게 구성하였습니다.

3부에서는 수행과 신행생활에 도움이 될만한 내용들을 모아 수록하였습니다. 무엇보다도 불교에서는 맹신이 아닌 올바른 이해를 수반한 신행(信行)을 강조하는데, 그 이유와 근거들을 설명하였습니다. 그리고 사찰에서 만날 수 있는 여러 불보살님의 모습과 불교의 의식, 그리고 기본적인 불교 수행의 개념에 대해서 간략히 설명하였습니다.

이 한 권의 책이 불교를 올바르게 이해하는 길잡이가 되고 나침반이 되기를 희망합니다. 그리고 많은 관심 있는 분들에게 전해져서 참다운 종교 생활과 삶에 대한 긍정적 성찰의 계기가 될 수 있기를 부처님 전에 서원합니다.

불기 2562년(2018년) 5월 편집부

차례

2부 붓다, 무소유(無所有), 석가모니부처님

3부 자유, 신행(信行), 나와 이웃의 행복

1부 / 불교, 연기(緣起), 삶의 새로운 안목

문1 불교는 어떤 종교입니까?

불교(佛教)는 부처님의 가르침을 숭신해서 실천하는 종교입니다. 스스로 마음을 닦고 착한 일을 행하면 모든 이들이 부처가 될 수 있다는 것이 부처님의 가르침입니다. 불교에서는 전지(全知)·전능(全能)·지선(至善)한 신(神)이 있어서 인간을 창조하고 벌주며 고통에서 구원하는 것이 아니라, 자기 스스로의 지혜와 수행으로 지은 바의 업(業, karma)을 소멸하면 스스로 변화되어 간다고 가르칩니다. 자신이 지은 행위에 대한 과보(果報)를 스스로 받는다는 자율적인 이치를 체득하는, 깨달음의 종교가 바로 불교입니다. 불교는 인연(因緣)의 과보(果報)에 따라 변화하는 삶을 스스로 깨달아서 보다 좋은 인연을 만들어 나가는 종교라고 할 수 있습니다.

문2 불교는 무엇을 목적으로 하는 종교입니까?

불교의 일차적인 목적은 삶의 괴로움[苦]이 발생하는 원인을 알고 괴로움을 소멸하는 데 있습니다. 부처님의 가르침을 전하고 있는 팔만대장경에는 수많은 부처님의 법문(法門)이 전해지고 있지만, 그 많은 내용들은 한결같이 "인생의 본질이 고(苦)"이며, "고(苦)에서 벗어나는 방법"에 대해서 선설하고 있습니다. 따라서 불교를 한마디로 정의하면 '고(苦)에서 벗어나는 방법에 대한 가르침'이라고 할 수 있습니다. 부처님께서는 이를 단 한마디로 "나는 단지 고(苦)와 고로부터의 해탈만을 가르친다."라고 말씀하셨습니다. 이렇듯 괴로움에서 벗어나는 방법을 깨닫고 수행을 완성한 분을 붓다(佛陀; 覺者, 깨달은 사람)라고 합니다. 붓다가 되는 것이 불교 수행의 근본목적입니다.

문3 불교와 다른 종교의 가장 큰 차이점은 무엇입니까?

첫째, 불교는 스스로 깨달음을 성취할 수 있는 원리를 가르칩니다. 불교는 어떤 대상을 믿는 것이 목적이 아니라, 자신에게 깃들어 있는 부처의 성품을 발견하여, 그것을 닦고 깨달아 부처가 되는, 깨달음의 종교입니다. 둘째, 불교는 모든 생명이 가진 저마다의 존엄성이 가장 중요한 가치라고 합니다. 이 세상은 어떤 절대자가 주재하는 것이 아니라, 일체 존재들이 서로 의존하고 있습니다. 따라서 서로 의존하고 있는 모든 생명은 하나같이 평등하고 존귀한 존재들이라는 것입니다.

셋째, 무엇보다도 불교와 다른 종교와의 가장 중요한 차이는 연기법(緣起法)입니다. 불교와 불교가 아닌 것을 분명하게 구분하는 것은, 세상의 모든 일에 대해서 연기법적인 안목으로 조망하는가의 여부에 따라 가능합니다. 연기법은 상의성(相

依性)의 원리입니다. 상의성이란 세계의 그 어떤 것도 독립되어 존재하는 것은 없다는 것입니다. 연기법에 의하면 이 세계는 시간적으로는 원인과 결과라는 인과관계, 공간적으로는 무수한 존재들 간의 의존관계 속에 있습니다. 중생이 업(業)을 짓는 이유도 연기(緣起)의 세계에서 다른 존재들과 더불어 살아가기 때문이고, 또 자기가 지은 업에 따라 윤회하는 이유도 인연(因緣)과 과보(果報)라는 연기법의 상의성 원리에 의한 것입니다.

문4 연기법(緣起法)에 대해서 구체적으로 말씀해주세요.

연기법은 석가모니부처님 당대에 여러 많은 외도(外道) 사상가들의 주장과 대별되는 새로운 인식의 지평이었습니다. 부처님은 '연기(緣起, paṭicca-samuppāda)를 보는 것이 법(法)을 보는 것'이라고 말씀하셨습니다. 연기는 불교의 기본적 진리관으로서 부처님이 발견한 우주의 구성 원리이며, 부처님이 깨달음을 얻게 된 이치입니다.(〈중아함경〉 7권 29경) 즉, "이것이 있으면 저것이 있다[此有故彼有]. 이것이 일어나면 저것이 일어난다[此起故彼起]. 이것이 없으면 저것이 없다[此無故彼無]. 이것이 멸하면 저것이 멸한다[此滅故彼滅]."라고 하는, 간략한 문구에 불교의 모든 사상적 쟁점이 집약되어 있습니다.

연기법은 "세상의 모든 것이 스스로 존재하거나[自存] 영원히 존재하는 것[恒存]이 아니라, 무언가에 의거해서 무언가를 조건으로 일시적으로 성립한다."라는 원리입니다. 따라서 존재

15

의 유무(有無)는 '상호관계의 유무'이며, 존재의 생멸(生滅)은 '상호관계의 생멸'입니다. 우리가 '이것'으로 정의 내리는 것은 반드시 '저것'과의 관계 속에서만 설명될 수 있습니다. 예를 들어 높은 산, 크고 화려한 건물, 넓고 큰 운동장, 긴 막대 등의 경우에 각각 그것보다 낮은 산, 작고 초라한 건물, 좁고 작은 운동장, 짧은 막대 등과의 관계 속에서만 그렇게 규정됩니다. 이처럼 그 어떤 것도 홀로 나타나지 않고 그것의 조건과 더불어 두 가지 이상의 사태가 동시에 나타납니다. 이런 원리는 인간의 고(苦)와 락(樂), 행복(幸福)과 불행(不幸)의 문제에서도 마찬가지로 적용됩니다. 연기법에 대한 이해는 자신에게 잠재된 불성(佛性)을 발견하는 출발점입니다. 불교의 기본 수행법인 팔정도(八正道)의 첫 번째 덕목이 정견(正見)인데, 이는 다름 아닌 연기법에 의한 지혜의 터득[正見卽慧]을 의미합니다.

문5 연기법(緣起法)이 우리의 현실생활과 어떤 관련이 있습니까?

현대의 많은 사상가들은 불교의 연기법이 동서양의 다양한 철학적 사유의 한계를 극복하는 위대한 가치관이라고 평가하고 있습니다. '색즉시공(色卽是空) 공즉시색(空卽是色)'이라고 하는 반야심경의 공사상(空思想)도 연기법의 사유에 근거하여 나온 내용입니다. 모든 것은 상호의존적 관계를 맺고, 일시적으로 존재합니다. 이는 곧 무아(無我)이며, 무아이기 때문에 공(空)인 것입니다. 연기법의 사유에 의하면 생로병사의 고(苦)는 신이 인간을 벌주기 위해 만들어진 것도, 숙명적인 것도, 우연적인 것도 아니고, 단지 중생의 삶의 과정에 깃든 자연스러운 현상입니다. 그뿐만 아니라 사람들 개개인이 겪는 괴로움이나 어려움 역시 우리가 알 수 없는 어떤 미묘한 힘이 아니라, 여러 존재들 사이에서 업력(業力)이 상호작용하여 발생하는 것입니다. 이처럼 연기법은 사람들을 현혹시키는 미신이나 무심코 짓는 죄악의 어리석음에서 깨어나, 지혜로운 삶을 살게 하는 원리입니다.

석가모니부처님은 "연기법은 내가 만들어낸 것도 아니고, 다른 깨달은 이가 만들어낸 것도 아니며, 여래(如來)가 세상에 출현하고 출현하지 않음에 관계없이 우주에 본래부터 존재하는 보편 법칙, 즉 우주적인 법칙이며, 나는 단지 이 우주적인 법칙을 완전히 깨달은[等正覺] 후에 그것을 세상 사람들을 위해 드러낸 것일 뿐"이라고 말씀하셨습니다. 연기를 아는 것은 곧 불교를 아는 것이고, 불교를 아는 것은 바로 세상의 이치를 깨달아 스스로 지혜로운 삶을 사는 것입니다.

연기법적 사유의 핵심은 추상적이고 관념적인 개념으로 현실을 설명하는 방식을 배격하고, 지금, 여기, 나에게 일어나는 일들이 어떤 사연들로 결합되고 있는지를 관찰하는 것입니다. 추상적이고 관념적인 것들이란, 예컨대 신(神)이나 원자(原子)와 같은 개념들입니다. 신을 절대적으로 믿는 유신론자들은 이 세상이 신의 의지대로 이루어지므로 신에게 의탁할 것이고, 물질을 절대적인 것으로 보는 유물론자들은 이 세상이 물질 운동의 필연적인 법칙에 의해 예정되어 있다고 파악할 것입니다. 그러나 연기법은 지금 현재 내가 처한 상황은 그 원인이 되는 어떤 사연들이 있다는 것을 '있는 그대로 직시'하는 냉철한 관찰법입니다. 그래서 불교에서는 항상 자기 자신에게 일어나고 있는 일들이 어떻게 전개되고 주위 환경과 어떻게 관련되는지를 예의주시하라고 가르칩니다.

문6 연기법 이외에도 많은 교리들이 있는 이유는 무엇입니까?

석가모니부처님은 "연기(緣起)는 매우 알기 어려울 뿐만 아니라, 깨닫기도 어려우며 사유를 초월하는 것이다."라고 말씀하셨습니다. 그래서 이 '알기 어려운 문제'를 해결하기 위해서 다양한 이들의 깨닫는 능력[機]을 점진적으로 성숙시켜야 하는데, 이를 위해 가르침을 듣는 사람들의 근기에 맞게 연기법을 적용한 많은 설법들을 남기고 있습니다.

대표적인 예를 들자면, 부처님은 무아론(無我論)을 설파하기 위해 오온(五蘊)을, 자기세계를 만들어가는 인간 인식의 특성을 설명하기 위해 십이처(十二處)를, 또 중생들이 스스로 괴로움을 일으키고 그것을 심화하고 고착되는 과정을 설명하기 위해서, 혹은 그것에서 벗어나는 방법을 설명하기 위해 십이연기(十二緣起)를 설하셨습니다. 이런 설법들이 불교의 교설로 정착되어 있으며, 모두 연기법(緣起法)의 논리 구조를 따르고 있습니다.

석가모니부처님의 관심사는 세계의 본질이나 우주의 궁극

등을 규명하는 데 있기보다는 수행자 개개인의 열반과 해탈에
있었으므로, 팔만대장경에 그 많은 교리와 설법이 전해지지만
사실상 그것들은 연기법의 틀을 벗어나지 않습니다. 부처님은
중생들이 처한 여러 상황과 근기(根機)에 맞게 교설하기 위해
팔만사천(八萬四千)의 많은 법문을 남기셨고, 부처님께서 설법
하신 내용들은 오랜 세월을 거치면서 다양한 해석이 있게 되
어 교리체계도 여러 분야로 발전을 거듭했습니다. 그러나 불
교의 모든 가르침은 중생들이 처한 다양한 조건에 부합하는
적절한 가르침[應病與藥]이며, 그 많은 교리체계는 부처님의
가르침의 본질인 '지혜와 자비'를 원리론적으로 규명한 혁신적
성과라고 할 수 있습니다.

문7 불교에서 말하는 인연(因緣)이란 무엇을 의미합니까?

보통 인연이라고 하면 어떤 두 상대방이 만나는 것과 이별
하는 것을 의미하지만, 불교에서 말하는 인연은 조금 다릅니
다. 인연이란 인연생기(因緣生起, 인과 연에 의지하여 생겨
남)의 줄인 말입니다. 이때의 인연이라는 것은 곧 연기(緣
起)와 같은 말입니다. 인연에서 인(因)이란 직접적이고 내적인
원인이고, 연(緣)이란 간접적이고 외적인 조건입니다. 즉 내적
원인인 인(因)과 외적 조건인 연(緣)이 동시에 작용하여 모든
것이 일어난다는 관점이 불교에서 말하는 인연법이고 연기법
입니다.
어떤 사람들은 인연법을 인과법(因果法)이라고 하는데, 엄밀

히 말하면 고대 인도에서는 불교 이외에도 여러 인과법에 관한 이론들이 있었기 때문에 불교의 인연법을 우리가 흔히 알고 있는 인과법과 같다고는 할 수 없습니다. 불교의 인연법은 어떤 근본적이고 궁극적인 원인이 존재해야만 그에 따른 결과가 발생한다고 설명하지 않습니다.

석가모니부처님 당대에 고대 인도에서는 창조주인 신과 같은 초월적 존재나 원자와 같은 물질운동이 원인이 되어 세상이 이루어졌고, 그로 인해 인간세상의 괴로움이 존재한다는 주장이 팽배했습니다. 이런 생각들은 결정론적 세계관으로 귀결되어 사람들이 현재의 삶에서 어떤 실천을 해야 할지에 대해 아무런 해답을 줄 수 없었습니다. 그래서 부처님은 당대 유신론의 창조주 신 개념이나 유물론의 원자 같은 '고유'하고 '영원'한 실체(實體) 개념을 원인으로 삼아서는 인생의 괴로움을 완벽하게 규명할 수 없다고 단언하셨습니다. 다만 지금, 여기, 나에게 일어나는 일들의 실상과 그것의 다양한 내적원인[因]과 외적조건[緣]들을 잘 파악함으로써, 괴로움에서 해탈하여 진여의 세계에 접근할 수 있다고 설명하셨습니다.

이렇게 불교에서는 중생들 눈앞에 펼쳐진 현실은 신이나 물질과 같은 형이상학적이고 단순한 원인으로 인하여 생겨난 결과가 아니라, 현상계의 무수한 사연들이 결합한 산물이라고 파악합니다. 이런 이유로 연기법은 원인과 결과가 단순하게 설명되는 선형적 인과론이 아니라, 중생의 다양한 업력이라는 원인과 여러 변수의 조건들이 결합해서 현실을 조성한다는, 비선형적 인과론이라고도 합니다.

문8 불교에서 말하는 깨달음이란 무엇입니까?

불교의 깨달음은 해탈(解脫)·열반(涅槃)과 관련이 있습니다. 불교의 깨달음은 곧 고(苦)를 반복하는 삶에서 벗어나는 것입니다. 불교에서 인생을 고(苦)라고 하는 이유는 누구도 예외 없이 노병사(老病死)에서 벗어날 수 없는 불안정한 것이기 때문입니다. 하지만 부처님이 설한 연기법에 의하면 고(苦)의 고유성이나 실체성이 인정되지 않습니다. 노병사의 고(苦)는 그것 스스로 존재하는 것도 아니고, 영원히 존재하는 것도 아닙니다. 고(苦)는 삶[生]에 동반되고, 삶을 조건으로 하는 활동의 일부일 뿐입니다. 우리의 인생이 괴로움인 이유는 모든 것이 연기법적으로 존재하고 소멸한다는 이치를 터득하지 못하는 데서 발생하는 부작용 때문입니다.

이런 부작용은 자아(自我)와 세상이 영원하다는 집착, 나의 실천이 아닌, 외부의 대상에게 복을 비는 헛된 욕망, 업(業)과 과보(果報)가 없다고 착각하는 편견, 삶과 죽음은 서로 의존적이라는 사실에 대한 무지, 나의 삶이 다른 존재의 죽임을 전제로 해서 유지된다는 사실의 망각 등에서 비롯되는데, 이런 것들을 통틀어 무명(無明)이라고 합니다. 따라서 고(苦)의 조건이 되는 이런 부작용, 즉 무명을 제거한다면 고(苦)는 성립될 수 없습니다.

이처럼 지혜로써 무명을 소멸시켜 그 속박에서 벗어나는 것을 열반(涅槃)이라고 합니다. 불교 수행이 추구하는 것은 무지와 무명을 완전히 제거한 경지이며, 그것이 곧 열반이고 깨달음입니다. 열반은 범어 '니르바나'의 음역으로 '훅 불어서 불을 끄다.'라는 의미로, 수행에 의해 진리를 체득하여 무명과 집착을 끊고 일체의 속박에서 벗어난, 궁극적 깨달음의 경지입니다. '해탈'은 부처님 당시 외도 수행자들도 쓰는 용어였지만, '열반'은 불교 고유의 용어이고, 이런 용어 개념은 모두 연기의 통찰지(洞察智)로서 무명과 무지를 타파하는 것과 관련이 있습니다.

불교에서는 다른 종교에서 말하지 않는 싸띠(sati, 주시)라는 독특한 명상법이 있는데, 이 내용이 바로 팔정도(八正道)의 정념(正念＝四念處)입니다. 싸띠는 다른 말로 '위빠사나(Vipassana)'라고도 하는데, 위빠사나는 관(觀)으로 한역되며, '진실한 모습을 꿰뚫어 본다.'라는 의미로 편견이나 의도를 개입시키지 않고 현상을 있는 그대로 주시한다는 뜻입니다. 위빠사나가 불교의 고유한 수행이 된 이유는 '있는 그대로의 세계', 즉 연기를 통찰함으로써 지혜를 얻기 때문이고, 지혜를 통해서 깨달음을 얻는 것이 불교의 궁극적 목적이기 때문입니다.

문9 불교에서 인생을 고(苦)라고 하는 이유는 무엇입니까?

불교에서 삶을 괴로움[苦]으로 파악하고 있는 궁극적인 이유는 인간의 삶[生]이 결과적으로 늙음[老], 병듦[病], 죽음[死]으로 치닫는 불안정한 것이기 때문입니다. 뿐만 아니라 사랑하는 사람과 이별하고[애별리고, 愛別離苦], 싫어하는 사람과 만나며[원증회고, 怨憎會苦], 애써 구하여도 원하는 것을 마음대로 얻지 못합니다[구부득고, 求不得苦]. 이런 괴로움은 특별한 누군가에게만 있는 것이 아니라, 모든 이들의 삶에서 예외 없이 일어나는 일입니다. 무엇보다도 문제는 사람들이 이런 실상을 자신에게 직면한 문제로 보려고 하지 않고 인정하려고도 하지 않는 데 있습니다. 불교에서는 이런 어리석음을 무명(無明)이라고 합니다. 이렇듯 무명에 의거해서 살아가는 중생의 삶 자체는 괴로움으로 관철되며 괴로움을 지속적으로 재생하게 됩니다[오온성고, 五蘊盛苦].

문10 불교에서는 인생의 괴로움을 어떻게 해결합니까?

불교의 관점에서 고(苦)는 무명(無明)으로 인해 전도몽상(顚倒夢想)된 자기세계에 갇혀있는 데서 일어난다고 합니다. 중생들은 오랜 세월 동안 잘못 보고, 잘못 인식하고, 잘못 바랐기 때문에 탐욕(貪欲, 그칠 줄 모르는 욕심)과 진에(瞋恚, 분노와 노여움)와 우치(愚癡, 어리석음)의 삼독(三毒)이 지속적으로 일어나고 무명이 재생·반복됩니다. 즉 불교에서 말하는 고의 문제는 괴로움 그 자체가 아니고 괴로움을 끊임없이 반복[윤회(輪廻)]하는 데 있습니다. 그래서 괴로움에서 벗어나기 위해서는 지금, 여기, 자기 자신의 삶에 대한 철저한 자각을 통해서 고(苦)를 반복하는 자기세계의 틀에서 스스로 벗어나야 합니다.

이를 위한 불교의 수행체계가 바로 팔정도(八正道)입니다. 팔정도는 연기법의 이치로 현실을 직시하고 그에 맞는 생활과 수행을 영위하는 여덟 가지의 방법인데, 불교의 모든 수행법은 이 팔정도에 망라되어 있습니다. 팔정도는 인간 스스로의 지혜

계발과 자율적인 생활을 통해서 고(苦)로부터의 해탈이 가능하다는 것을 부처님께서 중생들에게 보여주신, 불교의 핵심적인 수행법입니다.

문11 고(苦)에서 벗어나는 수행법인 팔정도(八正道)는 무엇을 말합니까?

팔정도는 사성제(四聖諦)에서의 도성제(道聖諦)를 말합니다. 이 팔정도의 수행을 중도(中道)라고도 합니다. 사성제는 고성제(苦聖諦, 중생의 삶이 괴로움이라고 인식하는 성스러운 진리), 집성제(集聖諦, 고를 발생시키는 원인이 그릇된 욕망과 집착에서 나온다는 성스러운 진리), 멸성제(滅聖諦, 고의 원인을 완전히 제거하면 열반의 세계가 전개된다는 성스러운 진리), 도성제(道聖諦, 열반에 이르는 수행방법에 관한 성스러운 진리)입니다.

부처님이 설하신 바에 의하면 고(苦)가 문제가 되는 것은 고(苦) 그 자체가 아니라, 중생들이 고(苦)를 반복하고 확장하는 업력(業力)의 문제였습니다. 그래서 "고는 신이 인간을 벌주기 위해 만들어진 것도, 숙명적인 것도, 우연적인 것도 아니라, 오직 모여서 일어남, 즉 집(集)을 조건으로 성립되어 있다."라고 설명합니다. 집성제는 단순히 '집착'을 설명하는 개념이 아니라, 탐진치(貪瞋癡)가 마음속에서 지속적으로 '집기(集起, 모여서 일어남)'하는 것을 의미합니다. 즉 불교에서 말하는 고(苦)의 조건은 번뇌와 전도망상이 '쉬지 않고 일어나 재생산되고 고착되는 것'으로 설명됩니다.

팔정도는 고성제의 원인이 되는 집성제의 테두리에서 한 발짝 벗어나는 것에서부터 시작합니다. 그래서 완전한 행복과 열반의 상태인 멸성제의 원인과 조건이 되는 도성제는 그 실천수행을 의미합니다. 도성제를 실천하는 삶의 자리에는 무명과 전도몽상이 점유할 수가 없기 때문입니다.

문12 팔정도(八正道)의 구체적인 내용은 무엇입니까?

고(苦)의 원인은 중생들의 행위를 통해 알게 모르게 지속적으로 일어나서 쌓인 두터운 업장이듯이, 그것은 팔정도의 꾸준한 실천을 통해서 완전히 제거해 나갈 수 있습니다. 팔정도의 내용은 다음과 같습니다.

① 정견(正見) : 무명(無明)에 반대되는 개념으로 사성제와 연기법(緣起法)에 대한 통찰지(洞察智)를 갖추는 것입니다. 정견인 지혜[正見卽慧]가 정립되면 우리 내면에 잠재된 무명이 뿌리 뽑히게 됩니다. 보시와 공양, 선행과 악행에 대한 과보(果報)가 있고, 차안과 다른 피안이 있고, 아라한(阿羅漢)이 다음 생을 받지 않는 삶도 죽음도 없는 존재임을 아는 것을 말합니다.

② 정사유(正思惟) : 정견을 가진 자가 마음을 열반의 경지로 기울이는 것을 말합니다. 일체를 관찰함에 있어서 삼독심(三毒心)이 없고 번뇌에서 벗어난 바른 생각을 의미합니다.

③ 정어(正語) : 정견과 정사유를 갖춘 이가 구업(口業)을 짓게 되는, 이간시키는 말, 욕설, 아첨 등을 자제하는 것을 말합니다. 이는 그릇된 말버릇을 버리고 절제하는 역할을 합니다.

④ **정업(正業)** : 말을 절제하는 이가 살생·도둑질·음행 등의 행위를 버리고 절제하는 것을 의미합니다. 이것 역시 정사유에서 기인한 것이라고 볼 수 있습니다. 생각이 바르면 행위도 바르게 되기 때문입니다.

⑤ **정명(正命)** : 말과 행위가 청정해지도록 그릇된 생업을 절제하고 바른 생업을 가지는 것을 의미합니다. 정명은 정어(正語)와 정업(正業)이 연결되어 있고 나쁜 생계수단을 끊어냅니다. 이것의 특징은 깨끗함이며, 합리적인 생계를 일으킵니다.

⑥ **정정진(正精進)** : 정어·정업·정명이 굳게 선 이들의 바른 노력입니다. 이것의 특징은 분발이며, 게으름을 물리치고 해로운 법이 일어나지 않게 되는 것입니다.

⑦ **정념(正念)** : 바르게 수행하는 이가 정진을 항상 잊지 않기 위해 행하는 마음 챙김, 또는 알아차림입니다. 이것의 특징은 확립하는 것이며 정진을 잊어버리지 않게 하는 역할을 합니다. 정념은 정사유와 더불어 마음속에 정견(正見)이 가득 차게 하는 수행입니다. 정념의 '념(念)'은 팔리어 싸띠(sati, 주시)를 의역한 것으로, 신념처(身念處)·수념처(受念處)·심념처(心念處)·법념처(法念處)의 사념처(四念處)를 말합니다. 다른 말로 '위빠사나(Vipassana)'라고도 하는데, 편견이나 의도를 개입시키지 않고 현상을 있는 그대로 주시한다는 뜻입니다. 싸띠는 '기억'의 기능과 '알아차림'의 기능이 있는데, 싸띠의 기능을 키워나가는 것이 수행의 중요한 요소입니다. 왜냐하면 싸띠의 기능이 커지면 일상생활에서 '깨어있음'이 이어지고, 자신의 몸과 마음을 더 자세하게 주시할 수 있기 때문입니다.

⑧ **정정(正定)** : 마음 챙김으로 보호될 때의 선정입니다. 마음을 가라앉히고 집중하는 사마타(samatha) 수행을 말합니다. 사마타는 지(止), 혹은 정(定)로 한역되며, 하나의 대상에 집중하여 이루어지는 고요함과 평온의 상태를 가리키며 삼매(三昧)로 음역합니다. 사마타는 산만함 없이 마음을 한 곳에 집중하여 방황하지 않게 하는 기능을 가집니다. 부처님은 알라라깔라마와 웃타카라마풋타라는 스승의 안내를 통해 사마타의 8선정을 완성했지만 깨달음을 얻지 못했고, 이후 보리수 아래에서 위빠사나로 12연기를 관찰하고 무상정등각을 이루었다고 합니다.

팔정도는 범부중생들에게서 부처님의 성품인 열반이 발현하게 이끄는 실천 수행법입니다. 부처님 당시에는 팔정도가 출가스님과 재가자를 이끄는 핵심적인 가르침이었고, 여러 가지 다양한 수행법의 종합이었습니다. 후대에 불교 교학이 발전하여 불교가 전래된 곳에 따라서 다양하게 발생한 수행법들도 모두 팔정도에서 응용된 것이라 할 수 있습니다.

문13 석가모니부처님 당시에 다른 종교들은 고(苦)의 문제를 어떻게 보았습니까?

힌두교의 전통이 강력한 인도에서는 오랜 과거로부터 오늘날까지 여러 외도(外道) 사상가들이 고(苦)에서 벗어나기 위한 나름의 견해를 보여주고 있었습니다. 인도의 정통 바라문들은 인간이 고락(苦樂)을 받는 것은 창조주 신(神)인 '브라흐마'의 의지에 의해서 결정되어 있다고 파악하고 있습니다. 따라서 이들은 바라문계급을 통해서 신(神)에게 제사를 지내고 경배하여 고에서 벗어나 구원받으려고 했습니다. 이는 서구의 신본주의 종교와 같은 주장입니다. 한편 물질적 요소들의 우연적이거나 필연적인 결합에 의해서 자연과 인간이 생겨나고, 고(苦)가 발생했다고 주장하는 사상들도 있었습니다. 이들은 순수한 영혼에 더러운 육신이 결합했기 때문에 괴로움이 발생한다고 생각하고 있으므로 극단적 고행을 통해서 육신에서 영혼을 분리시키거나, 그와는 정반대로 쾌락이 영혼을 구원할 수 있는 길이라고 믿고 극단적 쾌락만을 추구했습니다. 이는 근대 물질문명의 등장으로 만연했던 조야한 유물론과 유사한 주장입니다.

문14 불교를 왜 인본주의(人本主義) 종교라고 합니까?

세상의 많은 종교들은 신(神)이 인간의 삶을 좌우하고 있다는 믿음에서 출발하는 신본주의(神本主義) 종교입니다. 이에 반해 불교는 인간의 의지와 노력이 아닌, 신으로부터 오는 어떠한 힘도 요구하지 않습니다. 특히 부처님께서는 인간이 깨달음을 얻을 수 있는 가장 좋은 조건에 있다는 사실을 강조하셨습니다. 모든 사람은 붓다가 될 수 있는 가능성을 지니고 있으며, 붓다가 되려는 대서원(大誓願)을 세우고 노력한다면 그것은 반드시 성취된다고 선설하셨습니다. 인간이라면 누구나 선행과 지혜 계발을 통해서 붓다가 될 수 있으며, 불교의 근간은 모든 인간들이 부처님과 같은 성인이 될 수 있음을 지향하는 종교이므로 불교는 인본주의 종교인 것입니다.

문15 신본주의 종교에 대한 불교의 견해는 어떠합니까?

신본주의(神本主義) 종교는 창조주인 주재신(主宰神)과 피조물인 인간(人間), 그리고 인간을 구원하는 구세주(救世主)라는 삼각구조의 설화를 바탕에 두고 있으며, 기독교를 포함한 다양한 형태의 종교가 모두 여기에 속합니다. 전래되는 신화를 바탕으로 자기 조상들의 전통과 동질성을 계승하고 있다는 점, 그리고 신으로부터 인간 개개인이 구원받기 위한 방편으로 사랑이나 이타행과 같은 인간윤리를 내세우고 있다는 점에서만 불교는 신본주의 종교들의 존재의미를 인정하고 있습니다. 이 같은 맥락에서 석가모니부처님께서도 재가자들에게 보시와 선행을 통해 하늘나라에 태어날 것을 목표로 삼고 수행할 것을 당부하셨습니다. 하지만 불교에서는 주재신(主宰神)의 존재가 전지(全知)·전능(全能)·지선(至善)의 세 가지 덕목을 완전히 갖추었다는 신본주의 종교의 견해를 인정하지는 않습니다. 부처님은 신(神)이 덕목들을 하나도 충족하지 못한다고 비판하셨는데, 그 내용은 다음과 같습니다.

첫째, 주재신 역시도 윤회하는 존재이므로 윤회의 세계를 벗어난 열반의 세계를 알지도 설명하지도 못하는 존재입니다.(DN. I) 둘째, 중생들이 느끼는 고락(苦樂)이 주재신에 의해서 이루어지는 것이라면, 주재신은 인간의 괴로움을 해결하지 못하는 존재이며, 따라서 신은 전능하지 않습니다.(MN. II ; AN. I) 셋째, 신이 지선(至善)한 존재라면 이 세상의 죄악과 불의를 설명할 수 없습니다. 만일 의도적인 것이라면 주재신은 선한 존재가 아니라 사악한 존재라는 것입니다.(Ja. VI)

문16 불교 이외의 외도(外道)의 사상에 대한 불교의 관점은 어떠합니까?

불교에서는 신(神)에게 빌어서 구원을 받으려는 외도의 사상을 신본주의(神本主義), 또는 신의론(神意論)이라고 합니다. 그리고 정반대로 이 세계가 원자적 요소들의 결합과 작용으로 인간 의지와는 무관하게 성립되었다고 파악한 고행주의와 쾌락주의의 사상을 숙명론(宿命論), 또는 우연론(偶然論)이라고 합니다. 불교의 입장에서 보면 이들 외도 사상들의 논리는 합리적 근거도 없고 이치로도 맞지 않는 것입니다. 세상만물과 인간의 운명이 신의 의지에 의해서 결정되어 있거나, 혹은 물질운동에 의해 우연적으로 발생하는 것이라면 인간의 자율적 의지와 노력은 아무 의미가 없게 됩니다. 이렇게 되면 결국 우리가 살아가는 인간사회에서 윤리는 무의미한 것이 됩니다. 신(神)의 이름을 빌려서 야만적인 전쟁을 일으키거나, 성장과 발전이라는 미명으로 반인간적·비환경적 행태들이 팽배한 이유는 이런 그릇된 가치관들과 결코 무관하지 않습니다.

문17 불교와 다른 종교가 본래 지향하는 길은 같지 않습니까?

불교의 사상체계 전반을 조망한다면 신에게 구원과 복락을 비는 신본주의 종교들의 지향점은 수행에 입문하는 걸음마 단계의 가치관으로 평가될 수 있습니다. 이들 종교의 궁극적인 목표는 나의 삶을 내 밖에 있는 신(神)에게 기대고 의탁하여 구원을 받는 것이므로, 인간의 주체성을 핵심으로 삼고 있는 불교와는 분명히 다릅니다. 불교의 관점에서는 설령 창조주라고 하더라도 천상에서 그의 복락이 다하면 지옥이나 아귀, 혹은 축생 등의 세계로 떨어져 윤회를 거듭하는 중생의 일종으로 간주합니다. 불교에서는 보시와 선행을 통해 천상에 태어날 복락을 얻은 단계의 사람들에게는 거기에서 한층 더 높은 단계인 생사와 윤회의 본질을 깨닫는 수행으로 나아갈 것을 가르치고 있습니다. 더 나아가 궁극적으로는 다른 중생들을 구제하면서 스스로 붓다로 완성되는 보살행의 무한실천을 가르치고 있습니다. 이런 점에서 다른 종교와 불교의 본질은 결코 같다고 할 수 없습니다.

문18 불교에서는 신(神)의 존재나 권능을 인정하지 않습니까?

불교경전을 보면 다양한 신(神)들이 등장합니다. 그러나 이들은 여타 종교들에서 말하는 전지전능한 창조주나 유일신이 아닙니다. 불교에서 인정하는 신적 존재들은 제석천(帝釋天), 범천(梵天), 팔부신중(八部神衆)과 같은 다신론(多神論)에 근거한 신들입니다. 불교는 이 세계가 절대신의 예정된 의지로 이루어진다는 결정론(決定論)이 아니라, 중생들 간의 다양한 의지와 인연화합에 의해 형성되고 변화하는 것이라는, 가변론(可變論)을 설하는 종교입니다. 즉 불교에서 인정하는 신(神)은 스스로 존재하며 영원히 존재하는 유일신이 아니라 자신의 업력에 의해서 윤회를 거듭하는 다양한 신들[多神]이며, 따라서 세상에 절대적 권능을 행사하는 초월적 신은 존재하지 않는다는 입장을 취하고 있습니다. 부처님은 "인간은 그 스스로가 세상의 주인이며, 인간의 운명 위에 군림하는 존재나 권능은 없다."라고 단언하셨습니다.

문19 부처님은 신(神)입니까? 혹은 신과 대등한 존재입니까?

부처님은 신(神)도 아니며 예언자도 아닙니다. 부처님은 스스로 밝혀낸 지혜의 빛으로 온 세상에 만연한 미신적인 것과 어리석음[無明]을 물리치신 분입니다. 부처님은 궁극적인 자유[涅槃]와 완전한 지혜를 얻어서 모든 신과 인간들 중에서 견줄 이 없는 스승[無上師]이 된 최상의 인간입니다. 부처님의 깨달음은 이전에 없던 위대한 것이었으므로, 후대의 사람들은 부처님을 '초인간'으로 여기게 되었습니다. 그러나 불교의 가치관에 의거한다면 모든 인간은 스스로의 노력에 의해 부처가 될 수 있으므로 인간의 지위야말로 지극히 높은 것입니다. 부처님은 인간뿐만 아니라 신(神)의 경지도 초월한 최상의 존재입니다. 부처님께서 걸었고 보여준 그 길을, 목적지에 이를 때까지 따라감으로써 인간들 스스로 자기 자신을 구원해 내는 방법을 제시했다는 의미에서, 부처님은 신을 포함한 모든 존재들의 구원자입니다.

문20 불교에서 인간의 위치를 높게 여기는 이유는 무엇입니까?

불교는 윤회하는 모든 생명체 중에서 인간의 위치가 가장 높다고 선설하고 있습니다. 기독교에서도 피조물 중에서 인간을 가장 귀한 존재로 여기는데, 그 이유는 신이 유독 인간을 선택했기 때문이라고 합니다. 그러나 불교의 설명은 이와 다릅니다. 불교에서 말하는 여섯 가지의 윤회의 굴레[六道]인 지옥계, 아귀계, 축생계, 인간계, 아수라계, 천상계 중에서 인간을 소중하게 여기는 것은 인간이 열반을 성취할 수 있는 가장 좋은 조건과 능력을 구비하고 있기 때문입니다. 인간은 다른 중생들에 비해서 너무 즐겁지도, 너무 괴롭지도 않은 환경에 태어나 적당히 고통스럽고 적당히 행복을 느끼게 되므로 열반을 추구하는 보리심(菩提心)을 발원할 수 있다는 것입니다. 그리고 인간은 다른 존재들에 비해 학습능력이 뛰어나기 때문에 열반의 성취에 더 적합한 존재입니다. 이런 이유로 석가모니 부처님은 도솔천이라는 하늘나라의 신이었지만 인간의 몸으로 태어나 깨달음을 얻으려고 했다고 경전에서 전하고 있습니다.

문21 불교에서는 현생이 전생의 업(業)에 의해 정해져 있다고 하는데, 그렇다면 불교는 숙명론(宿命論)이 아닌가요?

"현생에 받는 과보(果報)는 전생에 지은 업(業)에 포섭된 것이므로 벗어날 수 없다."라는 주장은 불교의 가치관이 아니며, 이를 불교사상과 결코 혼동해서는 안 됩니다. 이런 가치관은 부처님 이전부터 인도에 강력한 영향을 행사하고 있었던 힌두교 계통의 사상이며, 오늘날까지 인도의 카스트제도와 계급불평등을 유지하는 수단으로 악용되고 있습니다. 이들은 업(業)이 고정 불변하는 것이라는 주장을 함으로써 적극적인 종교수행과 현생의 실천을 무용한 것으로 전락시킵니다. 이들의 주장이 숙명론입니다. 이와 달리 불교에서 말하는 업은 바꿀 수 없는 고정된 것이 아니라, 현세의 자율적인 의지와 적극적인 실천수행에 의해 변화하는 가변적인 것으로 여깁니다. 이런 의미에서 부처님께서는 현생의 지금, 여기에서 짓는 업(業)에 대해서 강조하신 것이며, 어떤 중생이든 서원을 세우고 수행을 함으로써 부처가 될 수 있다[一切衆生 悉有佛性]고 설하신 것입니다.

문22 힌두교의 윤회설과 불교의 윤회설은 어떻게 다릅니까?

윤회란 중생들이 여러 세계를 수레바퀴가 돌아가듯 그렇게 돌고 돌면서 생과 사를 끝없이 되풀이하는 것을 말합니다. 생사유전(生死流轉), 생사윤회(生死輪回), 윤회전생(輪廻轉生) 등으로 일컬어집니다. 그런데 윤회설은 불교가 생겨나기 이전부터 브라만교나 자이나교 등에서도 이미 뿌리내리고 있었습니다. 특히 고대 인도의 사람들은 고정 불변하는 영혼[아트만]이 다양한 중생들의 모습으로 윤회한다고 믿고 있었습니다. 고대 인도의 윤회설도 "중생이 살아가며 짓는 업(業)과 그 업력(業力)의 결과로 과거로부터 미래로의 생을 반복한다."라고 설명하였다는 점에서 불교의 윤회설과 유사한 측면이 있습니다. 그러나 힌두교의 윤회설은 전생의 업(業)에 중점을 두어 현생에 대한 체념을 강조합니다. 그래서 다분히 숙명론적이며 현세의 자율적 의지와 실천은 중요시하지 않습니다. 이에 반해서 불교의 윤회설은 현생의 실천을 가장 중요한 것으로 강조하고 있습니다. 불교 윤회설의 핵심은 전생에 지은 업으로 인해서 현생에 어떤 과보를 받고 있다고 하더라도 지금, 여기에서의 행위에 의해 다른 존재로 상승하거나 추락한다는 것입니다. 따라서 현생의 행복이나 불행, 즐거움과 괴로움, 어리석음과 지혜로움은 전생의 업에 의해 머물러 있는 것이 아니라 현생의 행위와 실천에 의해 다른 형태로 뒤바뀌는 것입니다.

문23 석가모니부처님 이외에 많은 부처님이 있는 이유는 무엇입니까?

불교에서는 누구든지 깨달음을 얻으면 그를 일러 '붓다'라고 합니다. 석가모니부처님 이외에 다른 부처님의 존재는 부처님의 육성과도 같은 초기불교 경전인 〈잡아함경(雜阿含經)〉이나 〈증일아함경(增一阿含經)〉 등에서 언급되고 있습니다. 바로 과거칠불(過去七佛)에 대한 내용인데, 석가모니불 이전에 이미 여섯 부처님이 있었다는 것입니다. 특히 그 일곱 부처님 가운데 마지막으로 석가모니부처님이 등장하고 있습니다. 석가모니부처님은 인류 역사에서 깨달음의 성취를 몸소 보여준 산 증인이라는 점에서 부처님이 된다는 것이 우리가 사는 세상과 다른 차원의 이질적인 세계에서 일어나는 이야기가 아니라는 것을 의미합니다. 이 같은 과거불사상(過去佛思想)은 교리적으로 매우 중요한 의미를 담고 있습니다. 즉 부처님은 유일무이한 절대자가 아니라 과거에도 존재했으며, 또한 미래에도 출현할 수 있는 존재라는 것입니다. 초기불교의 과거불사상(過去佛思想)은 대승불교 시대에 이르러 다불사상(多佛思想)으로 발전합니다. 즉 대승불교 운동과 함께 "모든 중생에게 불성이 있다.(一切衆生悉有佛性)"라는 사상이 일어나게 되고, 그때까지 불교에서의 신행의 대상으로 삼고 있었던 석가모니부처님 이외에 수많은 부처님들이 등장하게 됩니다. 우리가 절에 가면 만날 수 있는 아미타부처님, 약사여래부처님, 미륵부처님, 비로자나부처님, 노사나부처님 등 수많은 부처님들은 대승불교 운동과 함께 등장하여 신행과 경배의 대상이 된 부처님들입니다. 이처럼 많은 부처님들의 내력과 서원을 기록하고 있는 대승경전이 여러 나라에 전래되면서 이들 각각의 부처님들에 대한 사상적 기초가 세워지고, 불교의 교리 또한 수많은 부처님에 대한 신행과 더불어 발달하게 되었던 것입니다.

문24 대승불교와 소승불교는 어떻게 일어나게 되었습니까?

대승불교는 기원후 1세기를 전후로 전통적 불교교단에 대한 재가자들의 종교적 각성으로 점화된 새로운 불교운동을 말합니다. 석가모니부처님께서 열반에 드신 뒤에 뛰어난 많은 스님들은 부처님의 설법[法, dharma]을 정리하고 연구하는 작업에 몰두하게 됩니다. 이를 아비달마(阿毘達磨, Abhidharma)라고 하며, 이 시대를 부파불교(部派佛敎)의 시대라고 합니다. '아비'는 '~에 대하여', 혹은 '수승한'이라는 의미이고, '달마'는 '부처님께서 설하신 법' 혹은 '진리'라는 의미입니다. 그래서 아비달마는 '법에 대한 연구' 혹은 '수승한 가르침의 탐구'라는 의미를 가집니다. 이 시대는 스님들이 부처님 경전을 연구하며 많은 뛰어난 논문들을 남긴 시기입니다. 따라서 이 시대는 경·율·논의 삼장(三藏)이 성립된 시기이기도 합니다. 경전과 율장은 부처님 재세시에 성립되었고, 논장은 이 시기에 본격적으로 성립되었습니다. 또한 스님들마다 경전에 대한 해석이 조금씩 달라서 교단이 18, 혹은 20부파(部派)로 나누어져 서로 논쟁을 벌였으므로 이 시기를 부파불교의 시대라고도 합니다.

주목할 만한 사실은 이 시기에는 스님들 중심으로 경전과 율장에 대한 난해한 연구에만 몰두하게 되어 불교가 대중적으로 외면받을 위기에 처하게 되었다는 것입니다. 그래서 재가 신자들을 중심으로 진보적인 몇몇 부파의 스님들이 가세하여 대승불교운동이 일어났습니다. 당대 인도 사회의 일반 대중들이 원하는 것이 난해한 교리나 엄격한 계율이 아니라 부처님에 대한 순수한 신행과 중생구제였습니다. 따라서 법(法)에 대한 분석과 논의를 위주로 하는 기존의 승원불교에 만족하지 못한 재가자와 이에 동조하는 출가자들은 점차 불탑(佛塔)에 모여들게 되었습니다. 당시 대승불교운동을 일으킨 재가자들과 스님들은 기존의 승원불교를 '소승불교(小乘佛敎)'라고 폄하하고, 스스로를 '대승불교(大乘佛敎)'라고 지칭하였습니다. '대승(大乘)'은 '큰 배', 혹은 '큰 탈것'을 의미하는 것으로, 개인적인 열반을 추구하기보다는 보다 많은 대중들을 구제하는 이타행(利他行)을 지향점으로 삼았다는 말입니다. 이런 새로운 방향은 당연히 새로운 사상을 일으키게 되었습니다.

문25 대승불교와 소승불교의 차이점은 무엇입니까?

소승(小乘)은 범어로 히나야나(hīnayāna)입니다. 히나(hīna)의 어원은 '버려졌다'는 의미이고, 야나(yāna)는 '탈 것'이라는 의미입니다. 즉 히나야나(hīnayāna)는 많은 것이 버려져 작은 것만 태운다는 의미로서 많은 이들을 제도하지 않고 자신의 깨달음만을 목적으로 하는 불교라는 뜻입니다. 이는 대승불교에서 출가자 중심으로 수행에 전념하는 기존의 관행을 비판하면서 생긴 말이지 원래 있었던 말은 아닙니다.

대승(大乘)은 범어로 마하야나(mahāyāna)입니다. 마하(mahā)는 '크다'라는 의미이고 야나(yāna)는 '탈것'이라는 의미로서, 대승불교라 함은 자신의 깨달음만을 목적으로 하지 않고 많은 중생들을 제도하는 데 목적을 둔 불교라는 뜻입니다.

이 새로운 운동은 스스로를 대승이라고 하고 부파불교를 소승으로 폄하하였습니다. 이 운동은 부처님의 사리를 모시는 탑을 숭배하는 재가자들로부터 일어났는데, 부파불교의 가르침이 '법(法)' 중심인 것에 반해 대승의 가르침은 '불(佛)' 중심이고, 부파불교가 '출가(出家)' 중심인 불교인데 반해 대승은 '재가(在家)' 신자 중심의 불교였습니다. 열반(涅槃)을 통해서 아라한(阿羅漢)이 되는 것을 불교의 궁극적 목적으로 인정하고 있었던 부파불교 교단의 열반관에 대해 비판했던 이들은 '위로는 깨달음을 구하면서 아래로는 중생들을 제도하는(上求菩提 下化衆生)' 자리이타(自利利他)적인 이상적 인간상을 부각시켰는데 그것이 곧 보살(菩薩)입니다. 원래 보살은 석가모니부처님의 정각(正覺)을 이루기 전을 지칭하던 개념이었는데, 대승불교운동으로 인해 누구나 보살이 되어 수행을 하면 깨달음을 이루어 부처가 될 수 있다는 의미로 정립되었습니다.

이 같은 보살사상이 등장함으로 인해 다불사상(多佛思想)이 성립되었습니다. 즉, 누구나 부처가 될 수 있으므로 석가모니부처님 이외에도 많은 보살과 부처가 존재한다는 사상이 태동한 것입니다. 특히 대승불교운동은 문자의 시대에 접어들어 그에 상응하는 경전의 출현과 함께 하였습니다. 〈반야심경〉·〈금강경〉·〈화엄경〉·〈법화경〉 등이 여기에 속하는데, 이론적으로는 '공(空)' 사상을 근간으로 하여 역사적 부처님이 아니라, 진리 그 자체로서의 부처님인 법신(法身)과 다불(多佛)을 상징하게 되었습니다.

석가모니부처님의 초기설법은 법(法)을 강조하여 제반의 관념과 미신을 타파하였고, 부파불교 시대에는 부처님의 법을 논리적으로 정교하게 발전시켰다면, 대승불교운동은 지나치게 견고하고 학문적인 편향으로 치우치던 부파불교의 법(法)을 '공(空)사상'으로 풍부하게 발전시켜 석가모니부처님의 본래 정신으로 돌아가려고 하였습니다.

즉 대승불교의 주축이 되었던 사상은 보살사상(菩薩思想)과 다불사상(多佛思想)이었고, 이로 인해서 석가모니부처님 이외에 많은 불보살님들이 경배대상이 되었습니다. 특히 수많은 모든 부처님과 보살의 행적으로서의 '반야(般若)'와 '방편(方便)'을 강조하고 있습니다. 3세기의 용수(龍樹)의 중관사상, 5세기의 세친(世親)의 유식사상에 의해 대승불교의 교리가 보다 체계적으로 확립되고 조직화되었습니다.

문26 삼법인(三法印)과 사법인(四法印)의 유래는 무엇입니까?

삼법인은 '세 가지 진리의 도장'이라는 말입니다. 다시 말해서 어떠한 가르침이 있을 때 그것이 정말 부처님께서 설하신 진리인가를 확인하고 그것이 부처님의 말씀임을 확인하기 위한 기준이 삼법인이라 할 수 있습니다.

인(印)이라고 한 이유는 옛날 인도의 풍습에서 확정적인 것에 도장을 찍어 보관하였다는 데에서 유래합니다. 삼법인은 연기(緣起)의 이법(理法)으로 모든 존재의 실상을 증명한 인식의 방법이라고 할 수 있는데, 초기불교 경전에서는 다음과 같은 형식의 법문을 수없이 반복하고 있습니다.

"색(色)은 무상(無常)하다고 관찰하라. 무상하다고 관찰한 것과 같이, 그것들은 괴로움[苦]이요, 공(空)이며, 무아(無我)이다. 수상행식(受想行識) 또한 그와 같다."〈잡아함경(雜阿含經)〉 권1

"제행(諸行)은 무상(無常)하고, 모든 법(法)은 무아(無我)이며, 열반(涅槃)은 적정(寂靜)하다."〈잡아함경(雜阿含經)〉 권10

이처럼 삼법인(三法印)이라는 용어는 초기경전의 부처님 법문에서 직접적으로 언급되는 말이 아니라, 부처님이 교법을 설하실 때 무수히 반복하며 강조하신 무상(無常), 고(苦), 무아(無我), 열반(涅槃)을 교리적으로 체계화한 것입니다.

남방 상좌부 불교에서는 부처님의 법문 중에서 제행무상(諸行無常), 일체개고(一切皆苦), 제법무아(諸法無我)의 세 가지를 강조하여 '일체의 세 가지 특징'이라는 의미로 삼특상(三特相)이라 정립하였는데, 이것을 상좌부 불교의 삼법인(三法印)이라고 합니다. 상좌부 불교에서는 수행자 자신이 처한 고(苦)의 문제에 초점을 맞추고 있으며, 그래서 오온(五蘊)으로 대변되는 인간 존재의 무상(無常), 고(苦), 무아(無我)를 강조하고 있습니다.

이에 비해 대승불교 교리체계의 확립에 지대한 영향을 끼친 북방의 설일체유부(說一切有部)라는 부파에서는 삼법인에 열반을 포함시켰습니다. 왜냐하면 고(苦)의 문제에 초점을 둔 '일체개고'보다는 불교의 고유 개념이자 수행의 목적을 분명하게 드러내는 '열반' 개념을 포함시켜서 부처님 가르침을 확정하고자 한 것입니다. 그래서 제행무상(諸行無常), 제법무아(諸法無我), 열반적정(涅槃寂靜)의 세 가지를 삼법인으로 정립하였습니다. 설일체유부의 율장과 논장에서 '삼법인'이라는 용어를 제일 먼저 사용하였고, 이것을 대승불교 반야부의 대지도론(大智度論) 등에서도 채용하였습니다. 그래서 후대의 많은 중국 주석가들이 이를 그대로 받아들여서 삼법인(三法印)이라고 전했습니다. 삼법인이라고 할 때는 제행무상(諸行無常), 제법무아(諸法無我), 열반적정(涅槃寂靜)의 세 가지를 의미하고, 여기에 일체개고(一切皆苦)를 더하여 사법인(四法印)이라 하기도 합니다.

문27 사법인(四法印)의 내용에 대해서 구체적으로 말해주세요.

① 제행무상인(諸行無常印) : 이 세상의 모든 것은 항상함이 없고 생멸(生滅)하며 변화한다는 이치입니다. 제행이란 연기법의 원리에 따라 생멸변화하는 일체의 현상법을 말합니다.

여기에서 행(行)의 어원인 상카라(sankhara)는 '만들어진 것'

으로 여러 가지의 인(因)과 연(緣)에 의해 형성된 것을 말합니다. 인(因)과 연(緣)에 의해 연기하는 세계는 잠시도 정지하지 않고 생멸변화하므로 제행무상이라 합니다. 제행이 무상하다는 것은 그것이 눈 앞의 사실로서 경험되고 있는 것이며 특별한 증명을 필요로 하지 않는 것이기 때문에 법인 중에는 제행무상을 가장 앞에 두게 되었다고 합니다. 무상이라는 말에는 노(老)·병(病)·사(死) 등과 같이 사태가 나쁘게 변화한다는 뜻으로 연상되는 경우가 많지만, 무상이란 나쁘게 변화하는 것뿐 아니라 좋게 전개되는 것까지 포함합니다. 고뇌를 해소하고 불완전한 것을 완전한 것으로 이끄는 불교의 가르침이 설해지는 것도 제행무상이라는 기본적인 진리가 인정되기 때문입니다.

② **일체개고인(一切皆苦印)** : 이 세상의 모든 것은 괴로움이라는 것입니다. 경전에서는 모든 현상법이 무상(無常)하고, 무상하기 때문에 고(苦)라고 강조하고 있습니다. 부처님은 아래와 같이 무상, 고, 무아의 순서로 설하고 있는데, 그 이유는 고에 대한 철저한 각성을 통해서 자기 자신의 존재에 대한 집착을 버리고 무아를 체득시키기 위함이었습니다.

"그대는 어떻게 생각하는가? 육체는 영원한가 무상한가?"
"세존이시여, 무상합니다."
"그러면 무상한 것은 괴로운 것인가 즐거운 것인가?"
"세존이시여, 괴로운 것입니다."
"무상하고 괴롭고 변화하는 법을 '이것이 내 것이고 이것이야말로 나이며 이것은 나의 자아다'라고 하는 것은 옳은 것인가?"
"세존이시여, 그렇지 않습니다."〈잡아함경(雜阿含經)〉권2

즉 인간이 무상(無常)을 깨닫지 못하여 모든 것이 덧없이 변화한다는 실상을 인정하지 못하면 자기 존재에 대한 영생(永生)에 집착하여 그로 인해 온갖 고통에 결박됩니다. 아무리 미혹한 범부라 할지라도 무상(無常)과 고(苦)의 현실을 여실히 이해하고 무아(無我)를 체득하면 이상의 경지인 열반으로 나아갈 수 있다는 의미를 일체개고에 내포하고 있습니다.

③ 제법무아인(諸法無我印) : 이 세상의 모든 것은 홀로 존재하는 실체가 아니라는 이치입니다. 제법무아의 제법(諸法)은 제행과 마찬가지로 연기법의 원리에 따라 생멸변화하는 일체의 현상법을 뜻합니다. 무아(無我)는 산스크리트어 안-아트만(anatman)으로 이는 '아트만(atman, 我)이 아닌 것', 혹은 '아트만을 갖지 않는 것'이라는 의미입니다. 즉 무아란 원래 〈우파니샤드〉를 의지하는 인도 전통 바라문의 아트만 설을 부정하는 개념입니다. 즉 당대 바라문들은 우주적인 실체, 범(梵, brahman)과 개인적인 실체, 아(我, atman)가 생멸변화를 벗어나 고유하고 영원하게 존재한다는 입장을 취하고 있었습니다.

반면, 불교의 무아설은 브라만이나 아트만과 같이 다른 존재에 의존하지 않고 독립되어 존재하는 것은 없다는 것을 천명한 이론입니다. 무아(無我)는 불교 이외의 종교에서는 인정되지 않는 불교 특유의 교설로서 모든 사물과 존재가 인연에 얽혀 생긴 것이어서 실로 자아(自我)라고 할만한 실체가 없다는 것입니다. 그러나 사람들은 자아라고 하는 불변의 독립된 실체가 있다고 집착하므로 괴로움과 윤회를 반복하게 됩니다. 불교에서는 무아를 체득하게 되면 괴로움에서 벗어난다고 설합니다.

④ **열반적정인(涅槃寂靜印)** : 열반은 '불어 끄는 것' 또는 '불어서 꺼져 있는 상태'라는 뜻으로, 번뇌의 불꽃을 훅 불어서 끄는 것입니다. 해탈(解脫)은 부처님 당시의 외도의 바라문이나 사문들도 사용하던 일반적 개념이지만 열반(涅槃)은 부처님이 설하신 불교의 독특한 개념입니다.

열반은 마치 구름이 걷히면 원래 있던 달이 나타나는 것과 같이 모든 이들의 내면에 잠재된 궁극적 초월의 경지이며, 이를 발견하여 모든 괴로움을 소멸시킨 상태가 곧 열반적정입니다. 연기법의 원리를 각성하게 되면 고(苦)의 문제가 특별한 재앙이 아니라 불가피한 것이라는 통찰력을 얻을 수 있습니다. 모든 것이 무상(無常)하고, 고(苦)이며, 무아(無我)임을 체득하면 더 이상 어떤 대상에 대해서도 갈망하지 않고 자유롭게 됩니다. 이렇게 무상과 무아를 깨달아 모든 번뇌에서 벗어날 때, 내면에 잠재된 적정의 상태인 열반을 발견하여 도달할 수 있습니다.

문28 대승불교의 공사상(空思想)에 대해 설명해주세요.

공사상(空思想)은 일체만물에 고정불변하는 실체가 없다는 불교의 근본교리입니다. '공'이라는 원어는 '수냐(sunya)'로서 본래 '속이 텅 빈', '공허한' 등을 의미하며 '부풀어 오른 모양으로 비어 있음'을 나타내는 말입니다. 영어로는 emptiness, voidness 등으로 번역되며 '수냐'라는 말은 인도 숫자의 0을 의미하기도 합니다.

'공(空)'이라는 용어는 초기불교 경전인 아함경에도 무아(無我)와 함께 자주 등장하는 용어인데, 〈반야경(般若經)〉에서는 초기불교의 무아(無我)와 연기(緣起)를 '공(空)'이라는 개념을 통해서 해석하였습니다. 〈반야경〉은 대승경전 가운데 가장 일찍 성립되었고, 이 경전은 후대에 〈대반야바라밀다경(大般若波羅蜜多經)〉 600권으로 집대성됩니다. 〈반야경〉 중에서도 〈반야바라밀다심경(般若波羅蜜多心經, 줄여서 반야심경)〉과 〈금강반야바라밀다경(金剛般若波羅蜜經, 줄여서 금강경)〉이 가장 유명합니다.

　이렇듯 '공(空)'은 대승불교의 근본개념으로 〈반야경(般若經)〉을 시작으로 체계화되었습니다. 대승불교에서의 공은 자성(自性), 실체(實體), 자아(自我) 등과 같이 고유하고 영원하게 실재한다고 믿는 것이 중생들의 착각이라는 것을 역설하는 사상입니다. 예를 들어 '책상'이라는 사물을 생각해봅시다. 책상은 책을 보거나 글을 쓰게 하는 물건입니다. 하지만, 실재 그 책상은 나무와 나사 등이 서로 결합되어 만들어졌을 뿐으로 그 책상에 사람이 앉거나 물건을 만들게 되면 그때는 의자나 작업대로 사용되는 것이지 책상이 아니게 됩니다. 따라서 책상에는 본질적으로 책상의 자성이 없다는 것을 '공'이란 말로 나타낼 수 있습니다. 즉, 공사상은 본질과 자성이 존재하지 않음과 언어에 의해 잘못 부여된 개념분별들을 타파할 것을 역설합니다.

　공(空)이 지니는 사상적 가치는 '제2의 부처'라고 불리는 인도의 스님 '용수(龍樹, Nagarjuna)'에 의해 확립되었습니다. 용수스님은 그의 대표적 논서인 「중론(中論)」에서 "일체 모든 것은 다른 것과의 관련 속에서만 존재할 뿐[緣起] 그것 자체로서 존재하지 않으며[無自性], 따라서 일체는 공(空)이다."라고 풀이했습니다. 이같은 연기(緣起), 무자성(無自性), 공(空)의 사상을 통해 중관사상(中觀思想)이라는 대승불교의 이론적 기반이 정립되었습니다.

문29 반야(般若)란 무엇을 의미하는 말입니까?

‘반야’라는 말은 범어로는 프라즈나(prajñā)이며, ‘지혜’, 또는 ‘밝음’이라는 뜻을 가지고 있습니다. 보통 말하는 판단능력인 분별지(分別智, vijñāna)와 구별짓기 위하여 ‘반야’라는 음역을 그대로 사용한 것이며, 달리 무분별지(無分別智)라고도 합니다. 반야는 진리에 부합한 최상의 진리라는 뜻으로 이 반야를 얻어야만 성불할 수 있으며, 반야를 얻은 이는 곧 부처님입니다.

반야의 사상은 대승불교에서 확립된 것으로 대승불교의 새로운 목표는 불보살과 같은 반야지혜의 완성이며, 이때 지혜의 완성에서 얻어지는 〈반야경〉의 안목이 곧 공관(空觀)입니다.

대승의 반야는 법(法, 진리)에 대한 새로운 자각에서부터 비롯됩니다. 부파불교가 가졌던 법에 대한 객관적 해석과 이론적 분석태도를 지양하고, 스스로의 체험과 실천을 통해서 있는 그대로의 법을 체득하는 자각[般若]이 강조되었습니다. 즉 진리는 대상이 아니라 선정(禪定)의 체험을 통하여 자각되어야 한다는 관점에서 스스로의 체험과 실천을 통해서 얻는 깨달음을 반야의 지혜로써 강조한 것입니다.

반야는 어디까지나 주객의 대립을 초월한 경지에서 감득할 수 있는 주체적인 의식이기 때문에, 이성과 지성의 세계에서 활용되는 지식과는 명확히 구별됩니다. 그래서 반야는 원만한 진리의 실상을 확연히 드러내는 신비하고 묘한 힘을 가지고 있다고 합니다. 모든 부처님들은 이 반야에 의해서 성불하고, 부처님의 가르침도 반야에 의한 것이므로 대승불교에서는 반야를 모든 부처님의 스승, 또는 어머니라고 합니다. 중국 선종(禪宗)의 조사선(祖師禪)까지도 이 반야에 근거를 두게 되었습니다.

46

문30 보살(菩薩)은 어떤 분을 말합니까?

보살은 산스크리트어 '보디사트바(bodhisattva)'를 음사한 보리살타(菩提薩陀)의 준말입니다. 보디(bodhi)는 'budh(깨닫다)'에서 파생된 말로 깨달음·불지(佛智)라는 의미를 지니며, 사뜨바(sattva)는 생명 있는 존재, 곧 '중생(衆生)'·'유정(有情)'을 뜻합니다. 부처님의 본래 정신을 회복하려 했던 대승불교는 자리이타(自利利他)의 실천원리를 내세웠고, 그래서 '타인을 위한 활동이 곧 자기 자신의 깨달음을 위한 수행'이라는 교리를 전개했습니다. 그래서 '위로는 깨달음을 구하면서[上求菩提] 아래로는 중생을 제도하는[下化衆生] 보살(菩薩)이라는 이상적 인간상이 부각되었습니다.

소승불교가 아라한(阿羅漢)의 불교였다면 대승불교는 보살(菩薩)의 불교라고 할 수 있습니다. 무엇보다도 대승의 보살은 자신이 세운 서원(誓願)에 의해 탄생하는 보살입니다. 그래서 경전에 등장하는 관음·지장과 같은 대보살들은 물론이고 불도를 닦는 모든 보살들이 갖추고 있는 보편적인 서원은 다음과 같은 사홍서원(四弘誓願)으로 천명되었습니다.

① 중생이 가없어도 모두 다 건지오리다(衆生無邊誓願度)
② 번뇌가 끝없어도 모두 다 끊으오리다(煩惱無盡誓願斷)
③ 법문이 한없어도 모두 다 배우오리다(法門無量誓願學)
④ 불도가 위없어도 모두 다 이루오리다(佛道無上誓願成)

이 사홍서원은 어떤 목표를 실현하기 위한 선언이 아니라 반야(般若)의 공관(空觀)에서 비롯된 무한한 실천의지가 내포된 서원입니다.

문31 정토신앙(淨土信仰)에 대해서 말씀해주세요.

정토란 '예토(穢土, 속세, 괴로움으로 가득찬 세상)'의 반대 개념으로, 어떤 번뇌와 괴로움도 없이 평안한 세상을 말합니다. 대표적인 정토는 아미타불의 서방 극락정토(西方 極樂淨土)입니다. 그러나 본래 '정토(淨土)'라고 하는 용어는 대승불교의 전반에 쓰였던 것이며, 아미타불의 극락정토에 한정해서 쓰이는 말은 아닙니다. 정토란 시방삼세(十方三世)의 모든 불국토를 가리키는 말입니다. 하지만 많은 대승경전에서 아미타불의 극락정토가 언급되고 있어서 서방 극락정토에 왕생을 기원하는 신행이 보편화되었습니다. 이렇듯 정토신앙은 스스로 터득하는 자력신앙(自力信仰)과 비교하여 부처님의 본원력(本願力)에 의지하는 타력신앙(他力信仰)입니다. 즉, 중생들의 극락왕생은 아미타불의 본원에서 비롯되는 것입니다. 아미타불이 서원하신 동체대비(同體大悲)의 지혜와 자비가 중생에게 회향되는 것이 바로 극락왕생인 것입니다. 정토사상을 설하고 있는 불경은 약 650여 부의 대승경전 중에서 200여 부나 되는데, 이것은 정토사상이 대승불교에서 얼마나 큰 비중을 차지하고 있는가를 잘 보여줍니다. 한국불교에서도 원효스님이 염불선(念佛禪)을 강조한 이래로 정토사상은 대중적 신행으로 자리를 잡았습니다.

문32 밀교(密敎)란 어떤 내용입니까?

'밀교(密敎)'는 '비밀불교(秘密佛敎)'를 줄여서 부른 말인데, 이전의 문자 언어로 표현된 불교를 현교(顯敎)라고 하는 것에 대한 대칭어입니다. 밀교는 7세기에 대승불교의 화엄사상·중관사상·유식사상 등을 기반으로 하여 힌두교의 영향을 받아서 성립하였습니다.

　원래 석가모니부처님은 주술로 시작되는 브라만의 종교의례를 금지하였고 그것이 초기불교 교단의 기본적인 성격을 규정하였습니다. 그러나 대승불교에 와서는 이러한 초기불교의 경향을 벗어나서 점점 밀교화되기 시작하였습니다.

　4세기경부터 〈공작왕주경(孔雀王呪經)〉이나 〈호제동자다라니경(護諸童子陀羅尼經)〉과 같은 주법(呪法)만을 교설하는 독립된 경전(經典)이 나타났는데, 이와 같은 주구(呪句)를 '진언(眞言, 만트라)'이라고 합니다. 이 진언에 의해서 정신을 집중하여 불보살님들께 공양(供養)하는 일이 고조되었습니다. 그리고 방형(方形) 또는 원형(圓形)의 토단(土壇)을 쌓고, 제존(諸尊)을 여기에 안치하여 공양하였는데, 그 단을 '만다라(曼荼羅)'라고 하였습니다. 이어서 제존에 대하여 많은 '인계(印契, 무드라)'가 설명되었습니다. 이와 같은 만다라, 만트라, 무드라와 같은 밀주(密呪)의 수행이 〈화엄경(華嚴經)〉의 사상과 결부된 조직적인 종교체계를 비밀불교(秘密佛敎) 또는 밀교(密敎)라고 합니다.

　7세기에 성립된 〈대일경(大日經)〉과 〈금강정경(金剛頂經)〉으로부터 밀교는 명실상부한 이론적 기초를 마련하였고, 8세기경에 와서는 최성기를 이루게 됩니다. 예를 들어 불상의 제작과 더불어 다라니를 독송하는 의례를 도입하며, 대승경전 속에 다라니주[呪]를 삽입하게 되었습니다. 밀교는 이러한 주술적 신비주의적 요소를 지니며 전개되었습니다. 종래의 대승불교와는 다르다는 점에서 밀교도들은 스스로를 '금강승(金剛乘)'이라고 하였습니다. 제불(諸佛) 제존(諸尊)뿐 아니라 종래의 불교에서 말하지 않았던 명왕(明王)과 불교 외의 제신(諸神), 제성자(諸聖

者)도 역시 대일여래의 나타남이라고 해석하였습니다. 또한 많은 민간 신앙과 습합하여 그 취지를 직관적으로 나타내기 위해서 대만다라(大曼茶羅)를 구성하였습니다. 중생들에게는 본래 불성(佛性)이 있기 때문에 제존을 염원하고 다라니를 외우고, 밀교의 의식에 참여하면 성불할 수 있다고 주장하였는데, 이것을 즉신성불(卽身成佛)이라고 합니다. 이런 연유로 밀교에서는 인간의 번뇌나 정욕은 억압될 것이 아니고 존중되어야 할 것으로 보았습니다. 그래서 일부의 밀교도는 남녀의 성적 결합을 절대시하는 힌두교의 탄트라(tantra) 신앙을 수용하여 좌도밀교(左道密敎)를 성립시켰습니다. 밀교가 성력(性力)을 숭배하는, 타락된 불교로 인식되는 것은 이런 좌도밀교의 영향 때문이었습니다. 하지만 본질적으로 밀교사상은 〈화엄경〉의 법신인 비로자나불의 불타관을 계승하면서 한편으로는 부처님과 대보살의 경계를 허물어 진언문의 수행자가 자신이 곧 절대 법신의 부처로서 중생구제를 위해서 영원히 노력한다는 데 의의가 있습니다.

문33 선종(禪宗)은 어떤 불교입니까?

선종(禪宗)은 참선을 통해 본성을 터득하는 불교입니다. 선종은 교종(敎宗)에 대립되는 명칭이며 '선불교'라고도 하고, '불립문자(不立文字)'·'교외별전(敎外別傳)'을 내세우며 '직지인심(直指人心)'·'견성성불(見性成佛)'을 주장합니다.

선종에서는 인간의 마음을 참구(參究)하여 본래 지니고 있는 성품이 부처님의 성품임을 깨달을 때, 부처님과 같은 삶을 살 수 있다고 보았습니다. 언어나 문자를 거치지 않고 곧바로 부처님의 마음을 중생의 마음에 전하는 것을 추구하고, 수행법으로는 주로 좌선(坐禪)을 택합니다. 하지만 좌선만이 아니라 일상의 모든 동작에서도 선(禪)을 실천할 수 있다고 보았습니다.

이같은 선사상은 인도 스님인 보리달마(菩提達磨, ?~528년)에 의해 중국에 전해졌습니다. 보리달마는 470년경 중국으로 와서 숭산(嵩山) 소림사(少林寺)에서 면벽(面壁) 9년을 정진했다고 합니다. 중국 선종의 전승 계보는 달마를 초조(初祖)로 삼고 2조 혜가(慧可), 3조 승찬(僧璨), 4조 도신(道信)을 거쳐 제5조 홍인(弘忍)에 전해졌고, 홍인 밑에서 남종선(南宗禪)과 북종선(北宗禪)으로 나누어져 대립하였습니다. 제5조 홍인 문하에서 혜능(慧能, 638~713년)이 남종선을 열었고, 신수(神秀, 606~706년)는 북종선을 열었습니다. 북종선은 점오(漸悟)를, 남종선은 돈오(頓悟)를 표방하였는데 초기에는 북종선이 성했으나 빠르게 쇠퇴하였고 초기 이후에는 남종선이 유력해져 남종선 계통이 중국 선종의 주류를 차지하게 되었습니다. 남종선 혜능의 계보에서 청원(青原)과 남악(南嶽)의 두 계통이 출현하였고, 다시 청원의 후계로 조동종(曹洞宗)을 비롯한 운문종(雲門宗)과 법안종(法眼宗), 남악의 후계로 임제종(臨濟宗)과 위앙종(潙仰宗)의 여러 종파가 출현하여 선종의 융성은 절정에 달했습니다. 이렇듯 남종선에서는 당나라에서 송나라의 5대에 걸쳐서 위앙종·임제종·조동종·운문종·법안종의 선종 5가(五家)가 성립되었으며, 다시 임제로부터 황룡파(黃龍派)·양기파(楊岐派)의 2파가 나누어지는데, 이를 모두 합하여 5가7종(五家七宗)이라고 합니다. 이후 선종은 정토교와 함께 송나라 이후의 중국 불교의 주류를 이루어서 우리나라와 일본불교에 큰 영향을 주게 되었습니다.

2부 / 붓다, 무소유(無所有), 석가모니부처님

문34 부처님의 성씨(姓氏)와 이름은 무엇이며 어떤 의미입니까?

우리가 일반적으로 말하는 부처님은 '석가모니 부처님'입니다. 석가모니란 '석가족(釋迦族)의 성자(聖者)'라는 의미로 부처님이 속한 종족은 농업을 위주로 하는 사키야(Sākya) 족이며, 그 발음을 따서 한자로 석가족이라고 합니다. 태자 때의 이름은 '싯다르타(Siddhartha)'이며, 성씨는 '고오타마(Gotama)'입니다. 성씨인 고오타마는 '매우 좋은 소'라는 뜻이고, 이름인 싯다르타는 팔리어로 '싯닷타(siddhāttha)'라고도 하는데, '목적을 달성한' 또는 '뜻을 성취한'이라는 의미를 지닙니다.

문35 부처님이란 말의 뜻은 무엇입니까?

부처님이란 붓다(buddha)라는 인도어에서 유래된 말입니다. 붓다는 '깨달은 사람[각자, 覺者]'이라는 뜻입니다. 즉 부처님이란 삶과 죽음의 실상은 물론 이 세상 모든 존재의 이치를 깨달아 고(苦)를 완전히 소멸한 성자(聖者), 즉 지혜가 없는 일체의 무명(無明)을 없앤 성자를 의미하는 말입니다. 그러나 붓다의 의미가 단지 어떤 지식이나 지혜로써 어리석음을 혁파한 존재라는 식으로 이해되어서는 안 됩니다. 붓다는 일반 인간들처럼 물질[色]과 정신작용[受想行識]으로는 측량할 수 없고, 헤아리기 어려운 초월적인 존재이기 때문입니다. 그래서 불교 경전에서는 부처님을 인간의 모습으로, 동시에 인간을 초월한 모습으로 묘사하고 있습니다. 이 두 가지 표현을 동시에 볼 수 있을 때 우리는 부처님의 존재에 대한 균형 잡힌 시각을 유지할 수 있습니다.

문36 부처님의 탄생과정에는 어떤 이야기들이 담겨 있습니까?

불교 경전 중에서 4세기 초에 서진(西晉) 월지국 출신의 축법호(竺法護) 스님이 산스크리트어 경전을 한문으로 번역한 〈보요경(普曜經)〉에는 신화와 같은 부처님의 탄생설화가 전해지고 있습니다. 〈보요경〉이란 부처님이 탄생할 때 아홉 마리의 용이 향수를 부어 아기부처님을 목욕시켰다는 내용이 담긴 경전으로 부처님 오신 날에 부처님을 목욕시키는 관불의식(灌佛儀式)과도 관련이 있습니다. 〈보요경〉에 따르면 부처님의 탄생설화는 이러합니다.

무량무수겁을 다시 태어나며 수많은 중생을 제도하던 호명보살(護明菩薩)이 도솔천(兜率天)에 머물다가 하계중생들의 고통을 구제하기 위해 인간 세상에 태어날 것을 결심하고, 인도 카필라성의 왕자로 태어나기로 결정한 뒤에 마야부인의 태중에 들었다. 그날 마야부인은 신비스러운 꿈을 꾸었는데, 하늘에 달이 떠 있는 쪽에서 커다랗고 새하얀 코끼리가 나타나서 연꽃을 들고 침실을 세 번 돌더니 오른쪽 옆구리로 들어오는 상서로운 꿈이었다. 마야부인은 풍속에 따라 왕자를 낳기 위하여 친정인 코올리성으로 향하던 중 음력 4월 8일에 룸비니동산에서 쉬게 되었다. 그때 마야부인이 아름다운 무우수(無憂樹) 가지에 살짝 손을 뻗치는 순간, 산기를 느끼고 꽃밭에 쓰러졌다. 시녀들은 갑자기 일어난 일에 놀라 마야부인의 곁으로 달려갔고, 이윽고 건강한 왕자가 태어났다. 석가모니부처님이 태어날 때 서기(瑞氣)와 광명(光明)이 천지를 비추었고 제석천왕은 하늘비단을 가지고 내려와서 태자를 받았다. 그리고 사천왕들이 공경히 태자를 모시려고 하자 태자는 사방으로 각각 일곱 걸음을 걸었고 태자의 발밑에서 네 가지 색의 연꽃이 땅에서 솟아올라 태자의 발을 받들었다. 태자는 즉시 한 손으로는 하늘을 가리키고 다른 한 손으로는 땅을 가리키며 이렇게 외쳤다.

"하늘 위와 하늘 아래, 불성을 가진 모든 생명체는 존귀하다. 모든 세상이 다 고통 속에 잠겨 있으니 내가 마땅히 이를 편안케 하리라![天上天下 唯我獨尊 三界皆苦 我當安之]"

그때 공중에는 오색(五色)의 구름이 일어나서 그 가운데로 아홉 마리의 용이 나타나 깨끗한 물을 토하여 태자를 목욕시켰다.(수행본기경, 上卷, 강신품)

문37 부처님 탄생설화가 상징하는 내용은 무엇입니까?

〈보요경〉을 비롯한 여러 경전에서는 부처님의 탄생에 대한 내용이 매우 상징적인 표현으로 기술되어 있습니다. 이 같은 상징들은 부처님께서 세상에 태어날 당시의 시대적 상황과 더불어 불교의 종교적 특징을 잘 반영하고 있다는 것이 불교학자들의 일반적 견해입니다.

우선 무우수(無憂樹)는 아쇼카(Asoka)라는 나무인데, '근심이 없는 나무'로 해석됩니다. 즉 마야부인이 아쇼카 나뭇가지를 잡고 태자를 낳았다는 것은 아무 고통 없이 순산했음을 의미하는 것입니다. 그리고 태자가 오른쪽 옆구리로 탄생했다는 것은 태자의 계급을 상징하는 것입니다. 인도의 고대 종교 문헌인 〈베다〉에 보면 '원인(原人)의 노래'가 있습니다. 여기에는 계급에 따라 탄생이 다르게 기술되어 있습니다. 노예계급인 수드라는 브라만의 발바닥에서 태어나고, 평민계급인 바이샤는 다리에서, 무사 계급인 크샤트리아는 옆구리에서, 그리고 제사장 계급인 브라만은 입에서 태어난다는 것입니다. 불전문학에서는 이 같은 당시의 상징을 빌어 통치자 계급에서 탄생한 부처님의 신분을 나타내고 있습니다.

또한 일곱 걸음을 걸었다는 것은 육도(六道, 지옥·아귀·축생·인간·아수라·하늘나라)의 윤회를 벗어나 깨달음의 세계로 나갔음을 상징하는 것이고, 아홉 용이 목욕을 시켰다는 것은 동서남북, 그리고 그 간방과 중앙에 있는 우주의 모든 천신들이 부처님의 탄생을 기뻐함을 나타내고 있습니다.

이와 같은 부처님의 탄생설화는 인도의 신화에 등장하는 신들보다 아기 부처님의 존재가 더 우월함을 상징하고 있습니다. 고대 인도의 신화에서는 신들이 출생하자마자 자신의 능력을 발휘합니다. 그와 마찬가지로 갓 태어난 아기가 힘찬 걸음을 걸을 수 있다는 것은 육체의 힘이 성숙해 있음을 보여주는 것이고 또한, 탄생게를 외쳤다는 것은 정신적인 힘이 성숙해 있음을 상징하는 것입니다. 부처님의 깨달음은 신(神) 이상의 경지이고, 그것을 일곱 걸음의 상징을 통해서 모든 신(神)들도 이르지 못한, 육도 윤회의 벗어남을 예언하고 있는 것입니다.

문38 '천상천하 유아독존'은 무슨 의미입니까?

'천상천하 유아독존(天上天下 唯我獨尊)'이란 말 그대로 풀이하면 '하늘 위와 하늘 아래 오직 내가 가장 존귀하다.'라는 의미입니다. 이 탄생게는 부처님의 탄생을 가장 극적으로 표현하고 있는 대목입니다. 이것은 당시 인도 사회의 전통 종교였던 신 중심적인 브라만교와의 관계 속에서 이해되어야 합니다.

브라만교에서는 인간의 운명을 신이 좌우한다고 믿었기 때문에, 신에게 제사를 지내는 제사장이 필요했습니다. 뿐만 아니라 매사에 재물을 바치고 신에게 제사를 올리는 제식만능주의와 브라만지상주의가 팽배해 있었습니다. '천상천하 유아독존'이라는 말은 신에 대한 복종과 희생을 타파하는 인간의 존엄과 주체성을 나타내고 있습니다. 즉 당시 종교철학의 주류를 이루고 있던 숙명론과 결정론의 극복을 선언한 것입니다.

다른 한 편으로 '천상천하 유아독존'이라는 부처님의 탄생게에 대하여 팔리어 경전에서는 부처님의 지위가, 다시 말해 불법과 그것을 깨달은 존재가 더 이상은 그 위가 없이 높은 경지임을 강조한 것으로 풀이됩니다. 이것은 35세에 최상의 깨달음을 얻은 부처님에 대하여 자신들보다 나이가 적다는 이유로 연장자로서의 권위를 내세운 외도 사상가들에 대한 교화내용과도 관련지을 수 있습니다. 부처님은 자신들에게 공손히 예의를 갖출 것을 요구하는 고령의 외도 사상가들에게 "계란이 여러 개가 순차적으로 부화되어 병아리가 될 때 제일 나이든 연장자는 누구인가?"라고 묻습니다. 외도들은 당연히 알에서 제일 먼저 나온 자가 연장자라고 대답했고, 부처님은 "무지의 알에서 제일 먼저 깨어났기 때문에 부처가 세상의 제일 연장자이다."라고 대답하셨습니다.

문39 석가모니부처님의 유년기 생활은 어떠했습니까?

싯다르타 태자를 낳은 지 이레 만에 마야부인은 건강을 해쳐 이 세상을 떠나게 됩니다. 그래서 태자의 양육은 마야부인의 동생인 마하파자파티가 맡게 되었습니다. 이모가 태자의 새 어머니로 들어온 것인데, 이것은 당시의 카필라의 풍습이었습니다. 어머니를 일찍 여읜 태자는 모든 사람들에게서 깊은 사랑을 받았습니다. 이모인 마하파자파티도 태자를 지극히 사랑하고 잘 보살펴 주었습니다. 마하파자파티는 그 뒤 왕자와 공주를 낳았지만 싯다르타에 대한 애정은 늘 변함이 없었습니다.

태자는 유복하게 자라면서 삶의 큰 고통이나 슬픔을 접하지는 않았습니다. 태자는 지나치리만치 총명하였고 무슨 일에도 열심이었습니다. 7세 때 이미 64종의 문학과 28종의 무술을 섭렵했고, 그의 스승은 그의 영특함에 탄복했습니다. 그러나 이

따금 태자의 얼굴에서 쓸쓸하고 그늘진 낯빛이 어리었고, 그 것을 본 숫도다나 왕은 이 세상을 떠나간 어머니를 그리워해 서인가 싶어 태자를 더욱 애처롭게 여겼습니다. 하지만 학문 과 무예가 누구보다도 출중했던 태자는 제왕으로서 면모를 충 분히 갖추어 나갔습니다.

문40 부처님께서 태자시절에 농경제에 참석하여 겪은 일은 무엇입니까?

부처님의 나이가 열두 살이 되던 해의 봄 날, 정반왕은 농 경제의 파종식을 거행하였습니다. 들판에 있는 농부들은 소에 보습을 매어 밭을 갈았고, 보습에서 흙이 패여 뒤집히자 벌레 들이 나왔는데, 뭇 새들이 날아와서 서로 다투며 그 벌레들을 쪼아 먹는 것을 보았습니다. 곧이어 또 다른 큰 새가 벌레를 먹었던 새를 잡아채어 날아갔습니다.

이 광경을 본 태자는 약육강식(弱肉强食)의 처참함을 생각하 여 충격에 빠졌습니다. 태자는 더 이상 농경제를 구경할 수 없어서 멀지 않은 염부수 나무 아래에 앉아서 이런 중생세계 의 고통을 해결할 방법을 곰곰이 생각하며 고요히 명상에 잠 겼습니다. 부왕과 신하들은 태자가 어디론가 사라졌다고 우려 했지만 다시 나타난 태자의 얼굴이 마치 어두운 밤에 산마루 에 큰 불덩이가 타오르는 것처럼 환하게 빛났다고 경전에 전 하고 있습니다. 이것을 '염부수(閻浮樹) 아래의 정관(靜觀)'이라 고 합니다.

태자시절의 이 체험은 훗날 보리수 아래에서 최후의 깨달음을 얻어 부처님이 된 결정적인 계기가 되었습니다. 즉 부처님은 최후 깨달음의 순간에 이전까지 외도 스승들에게 배웠던 고행(苦行)과 삼매락(三昧樂)을 지양하고, 모든 것을 '있는 그대로 통찰하는' 고락중도(苦樂中道)의 선정에 들었는데, 그것은 바로 태자시절 농경제때 경험했던 명상법이었습니다.

문41 부처님께서 태자시절에 성문 밖으로 나갔다가 무엇을 보았습니까?

부처님은 열두 살 때, 농경제에 참석한 이후로 '삶의 고통'이 하나의 화두처럼 자리 잡고 있었습니다. 부왕인 숫도다나왕이 태자의 번민을 없애기 위해서 계절마다 머무를 삼시궁(三時宮)을 지어주고 온갖 향락을 즐기게 했지만 태자의 번민은 수그러들지 않았습니다. 그래서 왕은 태자로 하여금 세상구경을 하게 했습니다.

태자는 동문으로 유람을 나갔다가 머리가 하얗게 새고 허리가 구부러진 노인을 만났습니다. 그리고 남문으로 유람을 나갔다가는 병들어서 신음하는 병자를 보았습니다. 다음으로 서문으로 나가서는 죽은 사람의 행상을 보았습니다. 생로병사(生老病死)의 인간고를 여실히 본 태자는 인간이 가진 한계상황 앞에 좌절하지 않을 수 없었습니다. 그러던 중에 마지막으로 북문으로 유람을 떠났다가는 얼굴에 아무런 집착도 없고 번뇌도 없는 밝은 얼굴을 한 수행자 사문(沙門)을 만났습니다. 이를 본 태자는 수행의 길만이 생로병사의 인간고를 해결할 수 있는 길이라고 확신했습니다. 이 과정을 일컬어 사문유관(四門遊觀)이라고 합니다.

문42 사문유관(四門遊觀)의 가장 큰 의미는 무엇입니까?

훗날 부처님이 깨달음을 얻으신 후에, 젊은 시절의 사문유관을 이렇게 회상하셨다고 합니다.

"스스로 늙어가는 것이며, 그것을 피할 수 없는데도 어리석은 사람들은 다른 사람의 노쇠함을 보고는 괴로워하고 부끄러워하고 혐오한다. 나 역시 늙어가며 늙음을 피할 수 없다. 자신이 바로 늙어가고 있으며 마찬가지로 늙음을 피할 수 없는데도, 이것은 나에게 어울리지 않는다고 말하며 괴로워하고 부끄러워하고 혐오하는 것이리라. 내가 이렇게 관찰했을 때, 나는 청년이면서도 청년의 의기가 완전히 사라져버리고 말았다."

이처럼 부처님은 사문유관을 통해서 늙음, 병듦, 죽음으로 치닫는 불완전한 삶의 본질을 직시하게 되었으며, 이것은 출가의 직접적인 동기가 되었습니다.

문43 부처님은 언제 출가하셨습니까?

부처님은 사문유관 이후에 부왕께 출가를 허락해 줄 것을 청했으나 번번이 반대에 부딪히게 되었습니다. 하지만 스물아홉 살 되던 때 아내 야소다라가 아들 라훌라를 출산한 뒤에는 마침내 출가를 결행하기로 작정했습니다. 궁중에서 큰 잔치가 베풀어지던 2월 여드레 밤, 태자는 아버지와 양모, 아내와 아들, 사랑하는 모든 사람들에게 말없는 작별을 고하고는 마부 찬타카를 깨워 애마 칸타카를 타고 카필라 성의 성벽을 뛰어넘어 동쪽을 향하여 어둠을 뚫고 달려갔습니다.

부처님은 라아마촌(村) 선인(仙人)들의 마을에 도착하였습니다. 그는 말에서 내려 몸에 지니고 있던 마니보석과 구슬과 패물들을 떼어서 아버지와 양모, 아내에게 전하여 줄 것을 찬타카에게 부탁하고 칼을 뽑아 스스로 머리카락과 수염을 잘랐습니다. 그리고는 늙고, 병들고, 죽음에 이르는 괴로움의 문제를 해결하기 전에는 결코 돌아가지 않으리라고 결심했습니다. 이로써 태자는 마음도 몸도 완전한 출가수행자가 되었습니다.

문44 부처님께서 출가 후 처음 찾아간 스승은 누구였습니까?

머리를 자르고 수행자가 된 싯다르타는 덕망 높은 스승을 찾기로 작정하고, 먼저 베살리 근처에 있는 '박가바'라는 선인을 찾아갔습니다. 그는 고행주의자였습니다.

박가바와 그의 제자들은 모두 숲속에서 풀, 나무껍질, 나뭇잎으로 옷을 해 입고 초목의 꽃이나 열매를 하루에 한 끼, 이틀에 한 끼, 사흘에 한 끼씩 먹었습니다. 그들은 물과 불을 섬기고, 해와 달을 받들며, 한 다리를 들고 있고, 진흙에 누워 있고, 나무 위에 있고, 물과 불 속에 누워 있었습니다.

부처님은 그들 고행주의자에게 어떤 과보를 얻기 위해서 이런 고행을 하는지를 물어보니, 그들은 하늘나라에 태어나기 위함이라고 대답했습니다. 하늘나라에 태어나더라도 생사(生死)와 윤회(輪廻)의 문제를 해결할 수 있는 것이 아니라는 것을 이미 알고 있던 부처님은 그들을 두고 다른 방법으로 수행하는 스승을 찾아 떠났습니다.

문45 부처님께서 고행주의(苦行主義)의 외도를 떠나서 찾은, 또 다른 스승들은 누구입니까?

박가바 선인의 일행을 떠난 부처님은 선정(禪定)을 닦는 수정주의(修定主義) 스승을 찾아갑니다. 먼저 베살리 근처에서 3백 명의 집단을 이끄는 '알라라깔라마'라는 선인을 찾아 그가 가르치는 대로 무소유처정(無所有處定)이라는 높은 경지의 집중수행을 완성하였습니다. 하지만 그것으로는 생사해탈을 얻는데 부족하다고 생각했습니다.

그리고는 다시 라자가하에 이르러 7백 명의 집단을 이끄는 '웃타카라마풋다'라는 선인을 찾아가서 그가 가르치는 비상비비상처정(非想非非想處定)이라는 보다 높은 선정에 이르는 집중수행을 완성하였습니다. 하지만 그것도 역시 깨달음의 길이 아니라고 판단했습니다. 왜냐하면 두 가지의 수행법은 선정에 들 때는 높은 수준의 집중과 평온함을 유지할 수 있지만 명상에서 깨어나면 원래의 고뇌로 되돌아오기 때문이었습니다. 그래서 부처님은 라자가하 근교 판다바산으로 나아가 홀로 고행을 할 것을 결심했습니다.

문46 수정주의(修定主義)의 두 스승들로부터 떠난 부처님은 어떤 수행을 했습니까?

수정주의자(修定主義者)로 불리는 알라라깔라마와 웃타카라마풋타의 두 스승들에게 만족하지 않은 부처님은 고행주의자(苦行主義者)를 찾아 편력하다가 마침내 힌두교의 성지인 가야(Ggaya)에 도착하게 됩니다. 네란자라 강 근처에 있는 우루벨라 마을 부근의 숲에는 많은 고행자들이 있었습니다. 여기서 부처님은 수정주의로부터 고행주의로 향하는 하나의 전환을 시도했습니다. 일반적으로 이 시기에 구도를 위한 고행 생활이 6년간 계속되었다고 전해지고 있습니다. 하지만 6년에 걸친 극도의 고행이 궁극적인 깨달음에 이르게 하지는 못했습니다.

문47 부처님께서는 고행(苦行)을 버리신 것입니까?

6년간 지극한 고행을 통해서는 깨달음을 얻을 수 없다는 결론을 내린 부처님은 수자타(Sujata)라는 처녀에게 우유죽을 공양 받았습니다. 그리고는 니련선하 강에 들어가 목욕을 하였습니다. 우유죽을 공양 받고 강물에 목욕을 했다는 것은 당시 고행주의 수행자들의 입장에서 보면 수행을 포기한 것이나 마찬가지였습니다.

부처님이 알라라깔라마와 웃타카라마풋타를 떠나 다시 고행을 할 당시에 아버지 숫도다나 왕이 석가족 중에서 뛰어난 이들을 보내왔습니다. 이들은 수행자가 되었습니다. 교진여 등의 다섯 수행자들은 부처님과 함께 수행하였습니다. 그들은 부처님이 고행을 버리자 실망하고 그 곁을 떠나버렸습니다. 그들은 고행(苦行)만이 열반을 가져다 줄 수 있는 수행방법이라 믿고 있었기 때문입니다.

그러나 극단적인 고행으로 쇠약해져 있던 상태에서 수자타가 공양한 우유죽과 목욕은 부처님의 몸과 마음에 새로운 활력을 주었습니다. 이런 실천적 체험은 나중에 불교교단에서 지나친 고행과 지나친 집중삼매와 거리를 두는 중도(中道)의 수행법, 즉 팔정도(八正道)의 정립으로 반영됩니다.

문48 부처님은 언제, 어디에서, 어떻게 깨달으셨습니까?

6년간의 수행 끝에 지극한 고행을 통해서는 깨달음을 얻을 수 없다는 결론을 내린 석가모니부처님은 가야성의 동쪽에서 북쪽으로 흐르는 나이란자나[尼連禪河]에서 목욕을 한 뒤에 보리수(菩提樹) 아래에서 길상초를 깔고 앉아 태자시절에 농경제 때 경험했던 초선(初禪)의 명상을 회상하며 궁극적 깨달음을 얻기 전에는 자리에서 일어나지 않겠다는 결심으로 선정에 들었습니다.

마침내 새벽에 떠오르는 샛별을 맞으며 입출식념을 통해 네 가지의 선정[四禪定]을 이룬 후, 이 사선정에서 자신의 전생을 아는 숙명지(宿命智), 다른 중생들의 죽음과 태어남을 아는 사생지(死生智), 그리고 고(苦)의 문제를 연기법을 통해 해결한 사성제(四聖諦)를 체득함에 의해서 모든 번뇌를 끊어버리는 누진지(漏盡智)를 얻어 부처님이 되었습니다.

누진지에서 끊어진 번뇌는 욕망의 번뇌[欲漏], 존재의 번뇌[有漏], 어리석음의 번뇌[無明漏]였습니다. 이때의 나이는 35세였습니다. 중국에서 번역된 경전에서는 이날을 2월 8일이라 하지만, 이는 음력 12월 8일에 상당하기 때문에 한자문화권에서는 이날을 성도일로 경축해오고 있습니다.

문49 부처님께서는 어떤 경험으로 어떤 진리를 깨달으셨습니까?

부처님께서 보리수 아래에서 깨달음을 얻은 순간 발견하신 것은 연기법(緣起法)이었습니다. 연기(緣起)는 '무언가에 의존한 성립', 혹은 '무엇과의 관계에 의한 성립'이라는 의미로 세상 만물이 존재하는 이치입니다.

연기법의 입장에서 보면 고(苦)는 스스로 존재하는 것도 아니고, 영원히 존재하는 것도 아니며, 신(神)과 같은 어떤 존재가 인간을 벌주기 위해서 만든 것은 더더욱 아닙니다. 고(苦)는 어떤 원인과 조건에 의해서 일시적으로 생겨났을 뿐인 것입니다. 따라서 괴로움을 일으키는 원인과 조건을 제거하면 고는 사라지게 됩니다. 부처님께서는 이 연기법이라는 사상으로 괴로움이 일어나는 조건과 괴로움이 소멸하는 조건을 깨달은 것입니다. 괴로움의 소멸이 바로 해탈·열반입니다.

불교의 기초이론인 사성제(四聖諦), 십이연기(十二緣起), 오온(五蘊) 등의 다양한 교리는 괴로움의 일어남과 소멸의 원리에 대한 연기법적인 설명입니다.

문50 보리수(菩提樹)는 부처님의 깨달음과 어떤 관련이 있습니까?

보리수는 부처님의 깨달음을 상징하는 지혜의 나무입니다. 부처님이 열반하신 뒤에 그 제자들은 부처님의 기억을 더듬으면서 과거를 회상했습니다. 그러면서 부처님을 떠올리며 연상(聯想)되는 상징을 그림으로 그리거나 조각으로 남기게 되었습니다. 그 중 하나가 바로 보리수입니다. 보리수는 부처님께서 정각의 순간에 그 나무를 그늘 삼아서 앉아 계셨던 나무인데, 원래 이름은 '피팔라(Pippala)'입니다. 그런데 훗날 '부처님이 깨달음 얻게 된 나무'라는 의미로 범어 깨달음이라는 '보디(Bodhi)'를 붙여 '보디-브리쿠샤(Bodhi-vtksa, 깨달음의 나무)', 즉 '보리수(菩提樹)'라 불리게 되었습니다. 대승경전에서는 극락세계에 우뚝 솟아서 미풍에도 묘음을 내서, 그것을 듣는 것만으로 깨달음에 이른다고도 합니다. 이와 마찬가지로 부처님이 정각을 얻은 곳의 원래 지명은 가야(Ggaya)인데, 훗날 '부처님이 깨달은 가야'라는 의미로 '붓다가야(Buddha-gaya, 부처님이 깨달음을 이룬 곳)'라고 불리게 되었습니다.

문51 부처님께서 정각을 얻을 당시 그 깨달음의 내용은 무엇입니까?

부처님의 깨달음을 간략히 요약하자면 ① 연기법의 발견, ② 십이연기의 정립, ③ 팔정도의 수행법이라고 할 수 있습니다. 경전(〈잡아함경〉 권12, 287경)에 의하면,

① 보리수 아래에서 선정에 드신 부처님은 먼저 연기(緣起)의 이법(理法)을 발견하셨습니다.

② 그리고 연기법을 통해서 늙음과 죽음의 고(苦)가 발생하는 원인을 정밀하게 통찰하였고, 그 결과 늙음과 죽음의 고는 삶[生]을 조건으로 발생할 뿐인 것, 즉 삶에 수반된 일부라는 결론을 얻으셨습니다. 이런 과정을 통해서 중생들이 생사(生死)의 고(苦)를 반복하거나 혹은 그 반대로 괴로움에서 벗어나는 원리인 십이연기(十二緣起)의 입론을 세우셨습니다.

③ 부처님이 십이연기의 입론을 세운 순간, 최상의 깨달음을 얻어 붓다가 되는 수행법인 팔정도(八正道)를 즉시 간파할 수 있었다고 경전에서는 전합니다. 팔정도는 연기법의 지혜[혜(慧)]에 입각한, 윤리적인 생활원리[계(戒)]를 실천하고, 극단적 고행이나 집중명상에 치우친 쾌락[三昧樂]을 떠난 올바른 선정[정(定)]으로 나아가는 중도(中道)의 실천방법이었습니다.

문52 부처님께 최초로 귀의한 사람은 누구입니까?

부처님께서 보리나무 아래에서 성도의 기쁨을 누리시고 있을 때에 북인도에서 그 곳을 지나가던 '트라푸사'와 '발리카'라는 형제가 있었습니다. 그들은 상인이었는데, 지혜가 밝고 세상 법에 익숙하며, 남을 잘 돕고 지도력이 있는 이들이었다고 합니다. 그들이 인근 숲을 지날 때 숲은 지키는 신이 홀연히 나타나 부처님이 정각을 이루었다는 소식을 전하며 보시를 권했습니다. 그래서 형제들은 보리수 아래의 부처님께 다가가

미숫가루에 꿀을 섞어서 부처님께 공양을 올렸습니다.

부처님은 그들에게 "여래(如來)에게 보시함으로서 구하는 바의 복덕의 과보를 원대로 얻을 것이요, 가장 으뜸가는 마음의 평화도 얻을 것이다."라고 하시며, 삼귀의(三歸依)에 대한 법, 즉 부처님께 귀의하고, 부처님의 가르침에 귀의하고, 미래의 승가에게 귀의하라는 내용을 설하셨습니다. 이에 두 상인은 부처님과 법에 귀의한 최초의 재가신자가 되었습니다.

문53 부처님께서 최초로 법을 전하려 했던 수행자는 누구입니까?

부처님은 스스로 깨달은 바의 법(法)을 설하기 위해 왕사성을 향하던 중에 '웃바까'라는 외도의 벌거벗은 고행자[裸形外道]를 만나게 되었습니다. 웃바까는 정각을 얻으신 부처님의 얼굴을 보니 맑고 청정하여 보통 사람이 아니라는 것을 알아채고 "실례합니다. 수행자님은 인간입니까? 신입니까? 누구를 스승으로 모시며 무슨 경전으로 공부하십니까?"라고 인사를 청했습니다. 이에 부처님은 "나는 누구에게 배우지 않았다. 세상에서 나를 가르칠 사람은 없다. 나는 내가 계발한 수행법에 의해 대우주의 진리를 체득한 일체지자(一切知者)요, 일체승자(一切勝者)다."라고 대답하셨습니다.

그러나 웃바까는 고행주의나 수정주의의 전통을 내세우지 않고 깨달음을 얻었다는 부처님의 이야기를 믿지 않았습니다. 그래서 부처님의 법문을 더 들으려고 하지 않고 "당신의 말대로라면 그럴 수도 있겠네요."라며 머리를 흔들고 다른 길로 가버렸습니다.

이렇듯 잘못된 편견에 사로잡힌 이들은 스스로를 구원할 불법(佛法)을 만나도 지나쳐버릴 수밖에 없었는데, 또 다른 측면에서는 이를 계기로 부처님은 자신의 설법이 상대방에게 어떤 의미가 있는지를 늘 염두에 두게 되었습니다. 그래서 최초로 가르침을 펴고 제자가 된 교진여 등의 다섯 명의 수행자들에게는 진리에 대해서는 한마디도 직접적으로 언급하지 않았습니다. 부처님은 단지 모두가 무엇 때문에 출가했는지, 출가의 목적인 자유와 행복에 대해서만 설하셨습니다. 그리고 어떻게 하면 최상의 행복을 성취할 수 있는지에 대해 구체적으로 말씀하셨는데, 그것은 '고행과 안락의 양극단을 떠난 중도(中道)'와 '고와 고에서의 해탈을 설명한 사성제'였습니다.

문54 최초의 불교교단은 어떻게 성립되었습니까?

부처님은 깨달음을 얻은 뒤에 예전에 자신에게 선정(禪定)을 전수해 주었던 알라라깔라마와 웃타카라마풋타에게 법을 전하고자 했습니다. 그러나 그들은 이미 연로하여 세상을 떠난 뒤였습니다. 그래서 그들 이외에 불법(佛法)을 가장 잘 이해할 사람은 과거 함께 고행했던 교진여 등의 다섯 명의 수행자들이라고 생각했습니다. 그래서 부처님은 그들에게 법을 설하기 위해 붓다가야에서 베나레스의 녹야원으로 향했습니다.

다섯 수행자들은 처음에는 부처님의 가르침을 완강히 거부

했지만, 이내 귀를 기울였습니다. 부처님께서는 쾌락적인 삶도 고행에 대한 탐닉도 벗어난 중도(中道=八正道)의 가르침을, 또 팔정도(八正道)를 통해서 있는 그대로의 진리인 사성제(四聖諦)를 깨달아야 한다는 가르침을 폈습니다. 얼마간의 시간이 흐른 후 교진여에게 '모든 일어난 현상은 소멸한다.'라는 깨우침이 있었고, 순차적으로 다섯 수행자 모두가 깨달음을 얻어 아라한이 되었습니다. 이로써 불법승(佛法僧) 삼보(三寶)가 갖추어지게 되어 최초의 불교교단이 성립되었고, 다섯 수행자들에 대한 이 법문을 초전법륜(初轉法輪)이라고 합니다.

문55 부처님께서 초전법륜에서 설한 중도(中道)와 사성제(四聖諦)에 대해 설명해주세요.

부처님이 다섯 수행자에게 설법한 중도와 사성제의 가르침은 당연하게 이들이 평소 의문을 가지고 있었고, 수행에 장애가 되고 있었던 쟁점이었습니다. 잘 알려진 것처럼 사성제는 고성제(苦聖諦)・집성제(集聖諦)・멸성제(滅聖諦)・도성제(道聖諦)의 네 가지입니다.

고성제는 중생의 삶 자체가 괴로움이라는 것으로서 사고(四苦)와 팔고(八苦)를 들고 있으며, 집성제는 이러한 고(苦)들을 발생시키는 원인은 그릇된 욕망과 집착으로 구분되고, 멸성제는 고(苦)의 원인들을 제거하면 마음에 이상적인 경지가 전개되는데 바로 적멸의 상태라는 것입니다. 도성제는 이러한 적정의 경지에 도달하기 위한 수행 방법론을 말합니다. 부처님은 도성제를 설명하면서 다양한 수행법을 설하셨는데 대체적으로 팔정도(八正道)로 종합되는 내용들입니다. 이 팔정도가 바로 극단적 고행과 안락을 벗어난 중도(中道)의 수행법입니다.

결국 사성제는, 고성제가 집성제를 조건으로 성립되어 있고, 멸성제는 도성제를 통해서 실현된다는 것으로서 연기법의 구조를 지니고 있습니다. 즉, "이것이 있으므로 저것이 있다. 이것이 사라지면 저것이 사라진다."라는 연기의 이법을, 고의 문제에 적용한 명료한 교리체계라고 볼 수 있습니다.

초기불교 경전에서는 '진리'라는 표현으로 격상되는, 단 한 가지의 내용이 사성제라고 적혀 있고, 붓다의 다양한 가르침이 모두 사성제로 수렴되고 있음을 천명하고 있습니다. 실재로 아함경이나 니까야와 같은 초기불교 경전을 살펴보면 사성제는 부처님이 대부분의 법문을 펴는 데 있어서 기본 골격으로 설하고 계신다는 것을 쉽게 발견할 수 있습니다. 부처님의 설법은 대부분 괴로움과 괴로움의 조건성, 괴로움을 없앤 열반과 열반의 조건성이라는 논리구조로 전개됩니다.

문56 초전법륜(初轉法輪)이란 어떤 의미입니까?

부처님이 다섯 고행자에게 법을 선설하여 개종한 일을 초전법륜이라고 합니다. 이것의 의미는,

① 깨달음이 어떤 신비한 은총이 아니라, 누구나 바른 법에 의거하여 깨달음을 얻을 수 있다는 점을 검증한 것입니다. 그래서 궁극적인 깨달음은 석가모니부처님에게만 한정된 것이

아니라, 부처님이 안내하는 방법에 따라 수행하면 누구에게나 일어날 수 있다는 가능성이 열린 것입니다.

② 비구승단이 형성됨으로서 부처님의 교화 활동이 큰 탄력을 얻게 되었습니다. 다섯 제자들 역시 아라한이 되었으므로 부처님은 이들을 여래와 동일한 인격을 갖춘 존재로 인정하셨고, 따라서 다섯 제자들도 그들의 깨달음을 다른 이에게 능동적으로 전하는 것이 가능하게 되었습니다.

③ 초전법륜을 통한 교단 형성을 계기로, 부처님의 입멸에 이를 때까지 아라한의 경지에 이른 수행자들은 통상 천이백오십 명으로 거론됩니다. 세계의 어느 종교사를 통해 보더라도 이처럼 많은 제자들이 최초로 가르침을 펼친 스승의 수행경지에 버금가는 위치를 이룬 사례는 찾아 볼 수가 없습니다.

문57 부처님의 전도선언(傳道宣言)에 대해서 말씀해주세요.

초전법륜으로 교단이 형성된 뒤에 제일 먼저 부호의 외아들이었던 '야사'라는 청년과 그의 부모가 부처님의 제자가 되었는데, 얼마 뒤에 야사는 친구 55인과 함께 출가했습니다. 이렇게 60명의 출가한 제자들은 녹야원에서 여름을 보내면서 부처님의 가르침으로 모두 깨달음을 얻어 아라한이 되었습니다.

부처님은 교단의 수행자들이 모두 깨달은 바의 법을 널리 설파할 때가 되었음을 아시고 마침내 전도선언을 하셨습니다. 그 내용은, ① 불법을 전하는 것은 많은 이들의 행복과 안락을 위한 자비심의 발로여야 한다는 점, ② 여럿이 패를 지어 요란

하게 몰려다니지 말고 스스로 깨달은 바의 법을 진실하게 전하라는 점, ③처음과 중간과 끝이 모두 좋은 불법(佛法)을 의미와 표현에 맞게 설하라는 점, ④가르치기 어려운 이들도 분명히 있을 것이지만 때가 묻지 않아서 법을 이해하는 이들도 많을 것이라는 점이었습니다.

문58 전도선언 이후 부처님의 제자가 된 이들은 어떤 사람들입니까?

전도선언을 하신 뒤에 부처님은 인도 문화의 중심지인 중인도 마가다국의 왕사성으로 향하셨는데, 그 길목인 우루벨라에서 '불(火)'을 숭배하던 카샤파 삼형제와 그를 따르던 1,000여 명의 수행자를 교화하여 제자로 삼았습니다.

그리고 왕사성에 이르러서는 그곳 국왕인 빔비사라왕이 부처님께 귀의하였는데, 그는 과거에 부처님이 처음 출가해서 구도중이던 시절에 나라를 반으로 나누어 함께 다스릴 것을 제안했던 사람이었습니다. 또 얼마 지나지 않아서 당대 크게 세력을 떨치고 있었던 회의주의 사상가 '산자야'의 제자 사리풋타[舍利佛]와 목갈라나[目健蓮]가 250명의 제자를 이끌고 부처님께 귀의하였습니다. 사리풋타와 목갈라나는 나중에 부처님의 가장 뛰어난 제자가 된 분들입니다.

그 이후에는 아버지인 숫도다나 왕과 양모 마하파자파티, 그리고 태자비 야소다라와 아들 라훌라에 이르기까지 대부분의 석가족들이 부처님께 귀의하였습니다.

문59 부처님의 제자 중에서 깨달음을 얻은 여러 성자들과 부처님의 차이는 무엇입니까?

'붓다'라는 의미는 종종 아라한(阿羅漢)과 혼돈되기도 합니다. 왜냐하면 초기불교에서는 아라한 역시도 깨달음을 얻어서 고(苦)를 완전히 소멸한 성자를 의미하기 때문입니다.

그러나 아라한과 붓다는 지혜(智慧)와 복덕(福德)의 측면에서 큰 차이가 있습니다. 아라한은 불법(佛法)의 지혜를 체득하여 생사의 괴로움에서 해방된 존재이기는 하지만 스스로 깨달음을 얻었을 뿐 중생들을 제도할 수 있는 복덕을 완전히 갖춘 존재는 아닙니다. 복덕은 중생들이 따르고 우러러보며 귀의하는 덕목입니다. 붓다는 지혜뿐만 아니라 복덕까지 두루 갖춘 존재입니다. 이런 복덕은 이타적인 자비행의 무한한 실천에서 비롯됩니다.

경전에 의하면 석가모니부처님 당대에 아라한이 된 여러 제자들도 육신통(六神通)을 얻은 이들이었지만 부처님이 지닌 지혜와 복덕에 이르는 공덕을 모두 갖춘 제자는 단 한 명도 없었다고 전합니다.

문60 최초의 사원은 어느 곳의 무슨 절입니까?

불교 최초의 사원은 죽림정사(竹林精舍)입니다. 부처님께서 마가다국에 머무실 때 빔비사라 왕의 출가로 왕국의 많은 신하들과 백성들도 부처님께 귀의하였고, 더불어 출가 수행자의 수도 매우 많아져서 여러 스님들이 함께 기거할 곳이 필요하게 되었습니다. 그래서 빔비사라왕은 왕사성의 여러 동산들 가운데 가장 뛰어난 곳이었던 가란타 죽림에 사원을 지어 교단에 보시를 하게 됩니다. 〈대당서역기(大唐西域記)〉에 의하면 이 동산은 원래 가란타(迦蘭陀, Kalandaka) 장자의 소유였는데, 그는 본래 외도(外道)를 숭배했으나 뒤에 부처님의 설법을 듣고 불교로 개종하면서 이 죽림을 승단에 기증했다고 합니다. 절터에 대나무 숲이 우거졌으므로 사원의 이름을 죽림정사(竹林精舍)라고 하였습니다. 그로부터 얼마간 죽림정사는 초기 불교 교단이 발전하는 터전이 되었으며, 부처님은 여러 차례의 우안거를 이곳에서 보내셨습니다.

문61 부처님 당시에 어떤 불교사원들이 지어졌습니까?

부처님 당시 여러 가람 가운데 죽림정사와 더불어 불교 최초의 양대 가람(兩大伽藍)이라 불리는 기원정사(祇園精舍)가 가장 유명합니다. 기원정사는 상업의 중심지였던 코살라 국의 수도인 사위성(舍偉城) 남쪽에 위치한 동산에 지어졌습니다.

이 동산은 원래 기타(祇陀, Jeta) 태자의 소유였는데 수닷타 장자가 매입하여 사원을 지었습니다. 수닷타 장자는 고독한 사람들에게 많은 보시를 베풀었기 때문에 '급고독(給孤獨)'이라는 별칭을 얻고 있었습니다. 그는 동산을 뒤덮을 만큼의 금(金)을 주고서 이 동산을 사들였으며, 이러한 그의 신심(信心)에 감동한 기타 태자가 동산의 일부를 무상으로 제공하여 함께 정사를 건립하였습니다. 그래서 기타 태자의 동산을 의미하는 기수(祇樹)와, 수닷타 장자를 의미하는 급고독을 합해서 이 정사를 기수급고독원(祇樹給孤獨園)이라고도 합니다.

이 기원정사는 초기 교단 발전의 결정적인 기반이 된 곳이었습니다. 부처님은 성도 21년이 되는 해부터 안거를 사위성에서 보냈으며, 그 가운데 18차례의 안거를 기원정사에서 보내면서 이곳을 중심으로 교화활동을 펴셨습니다.

그밖에 '비사카'라는 여인이 기증한 녹모강당(鹿母講堂), 코삼비에 있는 사원으로 흔히 미음정사(美音精舍)라고 번역되는 고시타원, 베살리의 대림중각강당(大林重閣講堂) 등 많은 정사가 건립되었습니다.

문62 교단이 성립된 뒤에 부처님의 하루 일과는 어떠했는지요?

부처님의 하루일과는 나라타 존자(Narata Maha Thera)의 〈부처님과 그의 가르침(The Buddha and his Teachings)〉에 기록되어 있습니다. 부처님의 하루 일과는 최소한의 육체적 건강을 위한 시간 이외에는 전적으로 모든 시간이 중생을 위하여 쓰였습니다. 부처님은 심지어 입멸의 순간에도 제자들에게 법을 설하여 정법을 유지하도록 하셨습니다.

① **오전 일과** : 이른 아침에 부처님은 천안(天眼)으로 가르침을 펴야 할 사람이 누구인가를 찾아보았습니다. 부처님께서 찾아간 사람은 대체로 사악하고 청정하지 못한 사람이었고, 청정하고 덕이 있는 사람은 부처님을 직접 친견하러 왔습니다. 그리고 오전에는 제자들과 함께 하거나 홀로 탁발을 다니셨습니다.

② **오후 일과** : 오후에는 제자들에게 법(法)을 설하고 격려와 훈시를 주셨습니다. 제자들 중에서는 자신의 근기에 맞는 수행 주제를 받아 자신의 거처로 돌아가기도 하였습니다. 그리고 난 뒤에 수행을 위해 홀로 거처하는 제자들이나 도움을 필요로 하는 제자가 있는지 살펴서 도움을 필요로 하는 수행자가 먼 곳에 있으면 신통력으로 그에게 다가가 법을 설하셨습니다.

③ **저녁 일과** : 저녁이 다가올 즈음에는 재가신자들이 부처님을 직접 친견하러 와서 법을 들었습니다. 부처님께서는 그들의 근기에 맞는 법[對機說法]을 한 시간 가량 설하셨습니다. 부처님의 교화 방식 중 두드러진 것은 문답을 통한 방법이었는데, 이는 질문자가 스스로 자신의 의문을 풀 수 있도록 하기 위해서였습니다.

④ **야간일과**

㉠ **초야(初夜)** : 초야는 오후 6시부터 밤 10시까지입니다. 이 시간은 오직 스님들을 가르치기 위해 부처님께서 정해 놓은 시간입니다. 이 시간에는 스님들이 자유롭게 부처님을 친견하여 수행과정에서의 의문을 질문하여 해결하기도 하고, 적절한 명상의 주제를 얻기도 하며, 자신에게 맞는 훈시를 듣기도 하였습니다.

㉡ **중야(中夜)** : 중야는 밤 10시부터 새벽 2시까지입니다. 이 시간에는 범부들의 육안에는 보이지 않는 천상의 신(神)들이나, 신들을 모시는 브라만들이 부처님을 친견하여 법을 배우는 시간이었습니다. 그래서 초기경전의 많은 곳에서 천인(天

人)들이 부처님을 찾아와서 경의를 표하고 법에 대해 질문을 하며 설명을 듣는 장면이 등장합니다.

ⓒ 후야(後夜) : 후야는 새벽 2시에서 6시까지로 다시 네 부분으로 세분할 수 있습니다.

㉮ 첫 번째 시간(새벽 2시부터 새벽 3시까지)은 경행(經行) 등 가벼운 운동을 하여 육체의 건강을 돌보았습니다.

㉯ 두 번째 시간(새벽 3시부터 새벽 4시까지)에는 정념(正念)에 들고 우협에 기대어 잠을 청하셨습니다.

㉰ 세 번째 시간(새벽 4시부터 새벽 5시까지)에는 아라한과의 삼매에 들어 열반의 즐거움을 누리셨습니다.

㉱ 네 번째 시간(새벽 5시부터 새벽 6시까지)에는 대자비심의 선정에 들어 일체 중생들을 향해 자비의 빛을 발하여 중생의 마음을 유순하게 하였습니다. 이때는 세상을 불안(佛眼)으로 관찰하여 도움을 필요로 하는 이들을 찾았습니다.

문63 부처님 당시 스님들의 식생활에 대해서 말씀해주세요.

부처님 당시 교단의 스님들은 모두 오전에 탁발을 다니셨습니다. 부처님은 제자들에게 한 번에 반드시 일곱 집을 돌며 탁발을 하게 하여 무소유(無所有)와 하심(下心)을 강조하는 한편 서로 다른 집의 음식을 골고루 먹으면서 편식을 없애고 그로써 건강을 유지하도록 하셨습니다.

또한 부처님은 과식(過食)을 금하고 육식(肉食)을 절제할 것을 강조하셨습니다. 고대 인도의 서민들은 가난했기 때문에 하루에 한 번만 음식을 취했으므로, 수행자들에게 육식과 과식을 금하게 한 것은 당연한 일이었습니다. 또 수행의 측면에서 보더라도 과식과 육식은 배설을 더디게 하여 음식의 독성이 체내에 그대로 남아 있게 하여 수행자들이 맑은 정신을 유지하는 데 방해가 됩니다. 하지만 부처님께서는 육식과 오신채(五辛菜)를 금하면서도 체질과 상황에 따라서는 허용하셨습니다. 그리고 전체식(全體食)이라고 하여 모든 식재료들을 버리는 것 없이 다 먹으라고 하셨습니다. 채소는 뿌리에서 잎까지, 열매는 과육과 껍질까지 먹으며, 식재료들을 걸러내고 남은 물까지 음식을 만드는 데 이용하게 하셨습니다.

문64 스님들에게 먹기를 금한 오신채(五辛菜)란 무엇입니까?

오신채(五辛菜)는 마늘, 파, 부추, 달래, 흥거의 다섯 가지입니다. 이 채소들은 대부분 자극적이고 냄새가 강한 것이 특징입니다. 흥거는 미나리과의 식물로 우리나라에는 없고 인도에만 있는 식물이며, 한국에서는 흥거 대신에 양파를 금지하고 있습니다.

부처님께서 오신채를 금지하신 이유는 이들 채소의 성질이 맵고, 향이 강하기 때문에 정신과 육체를 흥분시키는 작용을 하므로 마음을 흩뜨려 수행에 방해가 되기 때문이었습니다. 대승경전인 〈능엄경〉에서는, "오신채를 익혀 먹으면 음란한 마음이 일어나고, 날로 먹으면 성내는 마음이 더하게 된다. 시방의 천신과 신선들이 다 떠나고 모든 아귀와 악귀들이 그(오신채를 먹은) 입술을 빨고 핥을 것이다."라고 전하고 있습니다. 그래서 오늘날 사찰음식에서는 이들 채소를 대신하기 위해 다시마, 들깨, 방앗잎, 제피가루, 버섯 등이 사용됩니다.

문65 오신채(五辛菜)를 금하게 된 계기는 무엇입니까?

율장(律藏)에는 오신채 중에서 대표적으로 마늘의 금지인연(禁止因緣)에 대해 다음과 같이 전하고 있습니다.

어느 날 부처님이 설법을 하실 때 평소에는 부처님 곁에서 열심히 설법을 듣던 한 스님이 멀찍이 뒤에 앉아 안절부절 못하는 것을 보았습니다. 그래서 부처님께서 그 연유를 물어보니, "마늘을 먹어서 역한 냄새가 나기에 부처님께 누가 될 것 같아서 뒤에 있었습니다."라고 대답했습니다. 그래서 부처님은 이후로 마늘을 먹지 말라고 계를 세우시고 다만 약으로 쓰이는 경우는 제외하셨습니다. 또 다른 이야기가 역시 율장에 나타납니다. '투라난다'라는 비구니 스님이 마늘밭을 지나가다 밭주인에게서 마늘을 조금씩 보시 받게 되었습니다. 그러던 중에 하루는 주인이 없어 마늘을 하루 못 받게 되자, 다른 비구니 스님들을 여럿 데리고 가서 여러 날에 걸쳐서 보시 받을 것을 한꺼번에 따오게 되었습니다. 그래서 시주자의 밭을 크게 망치게 되었는데, 이 사실을 전해들은 부처님께서 이후로는 마늘을 먹지 못하게 제계(制戒)하셨습니다.

율장에서는 냄새라든지 비구니 스님들의 과오 등으로 오신채가 금지된 것으로 나타납니다. 하지만 당시 인도사회에서 오신채는 다른 여느 채소들에 비해서 값진 것들이어서 일반 민중들에게는 귀한 음식이었다고 합니다. 그래서 수행자의 청빈한 삶을 위해서 오신채를 금지했다는 주장도 제기됩니다.

문66 부처님 당시에도 스님들에게 육식이 금지되었습니까?

초기 불교 경전을 보면 육식이 완전히 금지되었던 것은 아닙니다. 부처님께서는 자신을 위해 죽은 고기라는 것을 아는 경우 그 고기를 먹어서는 안 된다는 점을 분명히 하셨습니다. 왜냐하면 이 경우는 불살생(不殺生)의 계율에 정면으로 위배되기 때문입니다. 그러나 ①자기를 위해 죽이는 것을 보지 않았고, ②자기를 위해 죽였다는 이야기를 듣지 않았고, ③자기를 위해 죽였다는 의심이 없는 경우, 소위 3정육(三淨肉)을 취하는 것은 금하지 않았습니다. 즉 육체적인 병으로 심신이 극히 쇠약해졌을 때나, 탁발을 나가서 공양을 받았을 때와 같은 불가피한 상황에서는 이미 죽은 상태의 고기를 섭취하는 것이 허용되었습니다. 초기 불교의 전통을 지금도 잘 유지하고 있는 남방지역의 스님들은 오후 불식(不食)은 철저하게 지키지만 식사시간에는 채식뿐 아니라 육식도 하는 것이 일반적입니다.

문67 불가(佛家)에서는 언제부터 육식이 금지되었습니까?

대승불교 시대인 1세기를 전후하여 육식을 무조건 금지하는 경전들이 나타났습니다. 예를 들어 〈범망경(梵網經)〉, 〈열반경

(涅槃經)〉, 〈능가경(楞伽經)〉 등은 극단적인 육식 금지사상을 담고 있는 경전들입니다. 그러나 대승불교라는 사상적 배경보다는 스님들의 생활양식에서 육식을 금하게 된 이유를 찾아볼 수 있습니다. 중국 등 추운 북방으로 불교가 전래된 이래 이 지역에서는 스님들이 탁발보다는 사찰에서 음식을 만들어 먹는 빈도가 늘어나게 되었습니다. 그런데 스님들의 수행처인 절에서 고기를 사용하여 요리를 할 수는 없었습니다. 이런 연유로 자연스럽게 스님들이 육식으로부터 멀어지게 되었습니다.

문68 부처님의 마지막 제자는 누구입니까?

부처님은 80세에 이르러 스스로 최후의 열반(涅槃 ; 無餘涅槃)에 들 것임을 제자들에게 알린 뒤에, 쿠시나가라의 사라 나무 숲 속에 드셨습니다. 많은 제자들은 안타까워하며 눈물을 흘리고 있었습니다. 그런데 그때 '수바드라'라는 노인이 찾아와서 스님들에게 "무슨 일이 있더라도 부처님을 친견하고 부처님의 제자가 되겠다."고 청했습니다. 부처님의 제자인 상좌 스님들은 부처님이 고단할까 우려하여 극구 제재했는데, 옥신각신하는 소리를 부처님께서 들으시고는 직접 그 노인을 맞아들이셨습니다. 그래서 그를 마지막 제자로 삼았는데, 그때 그의 나이는 120살이었다고 합니다.

문69 부처님께서는 언제, 어디에서 열반하셨습니까?

부처님은 29세에 출가, 35세에 깨달음을 성취하신 후 45여 년간 설법을 하시고 여든 살 때인 2월 15일 '쿠시나가라'의 두 그루의 사라쌍수(沙羅雙樹) 아래에서 조용히 열반에 드셨습니다. 원래 쿠시나가라는 인도 북부의 작은 마을이었지만, 지금은 열반 사원이 있고, 그 안에는 머리를 북쪽으로 두고 오른쪽 옆구리를 땅에 댄 채 두발을 포개어 누워 있는 거대한 불교 열반상과 부처님의 다비식을 거행했던 거대한 다비탑이 있습니다. 일반적으로 학계에서는 부처님께서 서기전 566년에 태어나 서기전 486년에 열반에 드셨다고 파악하고 있습니다. 이것은 남방불교의 전승에 따른 것입니다. 한편 1956년 네팔의 카트만두에서 열린 제4차 불교도 대회 때 정한 바에 의하면 1956년을 부처님께서 열반하신 지 2,500년으로 보고 부처님의 연대를 서기전 624～544년으로 정하였습니다. 이는 대부분의 학자들이 사용하고 있는 연대보다 58년이 더 많은 것입니다.

문70 부처님의 마지막 가르침은 무엇이었습니까?

부처님은 자신의 열반을 슬퍼하는 제자들에게 "비구들아, 슬퍼하지 말라. 여래(如來)가 몇 천 년을 산다고 하여도 언젠가는 육신이 소멸할 것이다. 모였던 사대(四大)가 육체를 떠나 다시 제 곳으로 돌아가는 것은 당연한 일이다. 자리이타(自利利他)의 법은 이미 이 세상에 모두 갖추어졌다. 그리고 남은 것은 없다. 나는 이미 제도해야 할 자를 제도하였다. 그리고 아직 제도하지 않은 자에게도 제도될 수 있는 인연을 주었다. 이제 나는 할 수 있는 일을 다해 마쳤다. 그리고 나의 제자들이 나의 가르침에 따라 사는 한, 여래의 법신(法身)은 영원히 존재하며 결코 소멸되지 않는다.”라고 말씀하셨습니다.

그리고는 “그 누구도 맹목적으로 의지하지 말고 스스로를 섬[島]으로 삼고, 스스로를 의지처로 삼아라. 법을 섬으로 삼고, 법을 의지처로 삼아라. 그 밖의 어느 것도 너희들의 의지처가 아니다. 내가 간 후에 나의 가르침이 곧 너희들의 스승이 될 것이다. 모든 것은 덧없으니, 게으르지 말고 부지런히 정진하라.”라고 설하였습니다.

이 마지막 가르침을 일컬어 자귀의(自歸依), 법귀의(法歸依)라고 합니다. 여기서 말하는 섬의 기원어가 ‘등(燈)’이라는 뜻도 지니기 때문에 중국에서는 이 설법을 ‘자등명(自燈明), 법등명(法燈明)’이라고 번역했습니다.

문71 불교의 4대 성지는 어디입니까?

불교도들은 ①부처님이 태어나신 룸비니, ②부처님이 최상의 깨달음을 증득한 붓다가야, ③부처님께서 최초로 제자들에서 설법하신 녹야원, 그리고 ④부처님께서 열반에 드신 쿠시나가라를 불교의 4대 성지로 여깁니다. 불교의 4대 성지는 부처님의 설법에서 기원합니다. 〈대반열반경〉에서는 열반을 앞둔 부처님께서 슬퍼하는 아난존자에게 “아난아, 걱정하지 말라. 모든 불자들에게는 항상 여래를 생각하는 네 가지가 있을 것이다. 첫 번째는 여래가 태어난 곳[카필라바수트 : 룸비니]이고, 두 번째는 여래가 처음으로 도를 이룬 곳[마가다국 : 나이란자아 강변의 붓다가야]이며, 세 번째는 여래가 법륜을 굴린 곳[바라나시의 녹야원]이고, 네 번째는 여래가 열반하는 곳[쿠시나가라]이다. 불자들은 그곳들을 생각하면서 기쁜 마음으로 보고자 하며 기억해 잊지 않으며 사랑하고 그리워하는 마음을 낼 것이다."라는 법문을 하셨습니다.

문72 불교의 3대 성수(聖樹)는 무엇입니까?

불교의 3대 성수는 ① 마야부인이 싯다르타 태자를 낳으실 때 그 가지를 잡고 출산한 무우수(無憂樹), ② 부처님께서 이 나무 아래에서 정각(正覺)을 이루셨다고 하여 '깨달음을 이룬 나무'라는 의미의 보리수(菩提樹), ③ 부처님께서 열반에 드실 때 들어가셨던 사라나무 숲의 사라쌍수(沙羅雙樹) 이 세 가지의 나무가 불교의 3대 성수입니다.

문73 부처님을 부르는 명호(名號)는 어떤 것들이 있습니까?

불교도들은 오래 전부터 부처님의 위대함을 아래의 열 가지 호칭으로 불렀습니다.

① **여래(如來)** : 산스크리트 타타가타(Tathagata)를 번역한 말로서 '여여하게 오셨다.'는 의미입니다. 부처님은 사실대로의 법(法)을 깨닫고 체득하여 사실대로 말씀하시며 실천하시기 때

문에 여래라고 합니다.

② **응공(應供)** : 빨리어 아라한(Arahan, 阿羅漢)을 번역한 말로서 '응당히 공양과 존경을 받을만한 분'이라는 의미입니다.

③ **정변지(正遍智)** : 빨리어 삼마삼붓다(Samma-Sambuddha)를 번역한 말로서 정등각자(正等覺者)라고도 합니다. '바르게 일체를 깨달은 분'이라는 의미입니다.

④ **명행족(明行足)** : '밝은 지혜와 실천을 완전히 갖추고 계신 분'이라는 의미입니다.

⑤ **선서(善逝)** : 빨리어 수가따(Sugata)를 번역한 말로서 '잘 가신 분', 즉 깨달음에 잘 도달한 분이라는 의미입니다.

⑥ **세간해(世間解)** : 빨리어 로까위두(Lokavidu)를 번역한 말로서 '이 세상을 모두 잘 아시는 분'이라는 의미입니다.

⑦ **무상사(無上士)** : 빨리어 아눗따라(Anuttara)를 번역한 말로 '더 이상 위가 없는 가장 높으신 분'이라는 의미입니다.

⑧ **조어장부(調御丈夫)** : '사람을 잘 길들이는 분'이라는 의미입니다.

⑨ **천인사(天人師)** : '모든 신(神)과 인간(人間)들의 스승'이라는 의미입니다.

⑩ **불세존(佛世尊)** : 불(佛)은 빨리어 붓다(Buddha)를 음사한 말로 '진리를 깨달은 분'이라는 의미입니다. 세존(世尊)은 빨리어 바가바트(Bhagavat)를 번역한 말로 '복덕을 갖춘 분'이라는 의미입니다. 모든 복덕을 갖추어 중생들을 이롭게 하므로 세상에서 존경을 받는다는 뜻으로 세존이라 번역되었습니다. 원래 인도의 베다와 서사시 등에서 '바가바트'는 스승이라는 의

미를 가지고 있는데, 초기경전에는 부처님 당시 여러 외도들이 부처님 명호를 '바가바'로 일컬은 대목[한역경전에서는 '박가범(薄伽梵)']이 많이 등장합니다. 일반적으로 힌두교에서는 신(神)을 바가바트라고 합니다.

문74 불교 경전에 등장하는 부처님의 가족과 친척에 대해 알려주세요.

① **아버지** : 카필라국의 정반왕(淨飯王)이고, 왕의 원래 발음은 '숫도다나'입니다. 카필라국은 지금의 네팔 지방에 있는 히말라야산의 남쪽(북인도)에 자리 잡은 크지 않은 나라로, 농업과 상업을 하며 살아가는 평화롭고 넉넉한 왕국이었습니다. 당시의 석가족(釋迦族)은 명예를 소중히 여기고 자존심이 강한 종족이었습니다. 스스로를 태양의 자손이라고 부르며 뿌리 깊은 우월의식이 있었던 석가족은 제1 계급인 바라문과 바라문의 경전인 베다에도 예배를 하지 않았다고 합니다.

② **어머니** : 마야부인(摩耶夫人)으로 구리성(拘利城, 데바다하)의 집정관 선각장자(善覺長者)의 장녀(長女)로 태어나 이웃나라 정반왕의 왕비가 되었습니다. 오랫동안 자식을 낳지 못하다가 45세에 태자를 잉태하였는데, 여섯 개의 어금니를 가진 코끼리가 오른쪽 겨드랑이로 들어오는 태몽을 꾸었다고 합니다. 당시 인도의 습관에 따라 친정에 가서 해산하기 위하여 구리성으로 가는 도중 룸비니의 숲속에서 싯다르타를 낳았습니다. 싯다르타의 출산 후 7일 만에 죽었습니다.

③ **이모** : 마야부인의 동생인 마하파자파티입니다. 마야부인
이 죽은 뒤에 정반왕의 부인이 되어 지극한 사랑으로 부처님
의 양육을 맡았습니다. 그 뒤에 난타(難陀)를 낳아 두 아들을
양육했습니다. 싯다르타태자가 출가를 감행했을 때, 아버지 숫
도다나왕이나 아내 야소다라보다 더욱 비탄에 빠져 슬퍼했다
고 합니다. 부처님이 성도한 지 2년 후에 고향에서 포교할 때
교법을 들었고, 성도 후 5년에 정반왕이 죽자 부처님의 속세
아내인 야소다라와 함께 5백의 석가족 여자들과 비야리의 대
림정사(大林精舍)에서 출가하기를 청했으나 거절당했습니다.
그 후 부처님을 시봉하던 아난다존자의 도움으로 겨우 교단에
들어오게 되었고 이것이 비구니의 시초입니다. 부처님이 입멸
하기 3개월 전에 비야리성에서 입적했다고 전합니다.

④ **아내** : 석가족 인근에 있던 콜리야족 구리성 선각왕(善覺
王)의 딸 야소다라입니다. 원래 부처님의 외사촌이며, 부처님이
출가하기 전 19세에 싯다르타태자 때의 비(妃)가 되었습니다.
싯다르타와의 사이에서 아들 라훌라를 낳았습니다. 싯다르타
태자가 그녀를 두고 출가를 했을 때 야소다라가 받은 충격과
상처는 매우 컸습니다. 그러나 "오늘부터 그분의 수행이 끝날
때까지 나는 결코 침대에서 휴식을 취하거나, 화장하거나, 아
름다운 옷을 입거나, 맛있는 음식을 먹지 않을 것이다. 그 분
과 똑같이 산과 들에 머무는 고행자처럼 생활하리라."라고 천
명했다고 합니다. 훗날 귀국한 부처님은 2명의 제자와 함께 그
녀의 처소를 찾았고 그녀는 엎드려 부처가 된 남편에게 경배
했습니다. 이를 지켜보던 숫도다나왕이 부처님께 말했습니다.

"야소다라는 네가 가사를 입고 있다는 소식을 들으면 자신도 가사를 입고, 네가 하루에 한 끼만을 먹는다는 소식을 들으면 자신도 한 끼만을 먹었다. 또한, 네가 큰 침대에는 눕지 않는다는 소식을 들으면 자신도 너덜너덜한 천 조각을 이어 붙여 만든 침대에 눕고, 네가 화환이나 향수를 사용하지 않는다는 소식을 들으면 자신도 그것들을 일체 사용하지 않는 등 정말 수행자와 다름없는 생활을 해 왔다."

야소다라는 '싯다르타 태자의 아내이자 부처님의 아내'라는 자부심으로 슬픔을 견디며 명예를 지켰고 훗날 출가하여 비구니가 되었습니다.

⑤ **아들** : 라홀라(羅睺羅). 싯다르타 태자가 아들의 탄생을 알고 "라후라!"라고 말한 데서 유래된 이름입니다. 라후라는 '장애'·'구속'이라는 의미를 가지고 있습니다. 또는 '(라!) 아! (후라!) 달의 신이여!'라는 감탄에서 유래되었다는 설도 있습니다. '라홀라'라는 이름은, 사랑하는 것도 이별의 괴로움을 낳기 때문에, 그만큼 아들을 지극히 사랑했다는 의미로 해석되기도 합니다. 라홀라가 태어남으로 인해서 싯다르타는 고대 인도의 크샤트리아계급 남성들이 짊어지고 있던 의무, 즉 자손을 이어나가야 할 의무를 수행한 것이 되었고, 비로소 출가할 수 있었습니다. 훗날 부처님이 성도하여 고향으로 돌아오게 되자 라홀라는 어머니 야소다라가 시킨 대로 아버지에게 가서 "유산을 물려주십시오."라고 말했습니다. 그러자 부처님은 "나의 유산은 너를 고통스럽게 할 것이니, 법의 유산을 물려받아라."라고 하시고는 그 자리에서 출가시켰다고 합니다. 출가한

뒤에 지혜제일(智慧第一)의 사리불 밑에서 수행했고, 처음에는 자만하여 수행을 게을리 하기도 했으나, 곧 반성하고 수행에 정진하여 아라한이 되었습니다. 부처님의 10대 제자 중에 밀행제일(密行第一)로 알려졌습니다.

⑥ **동생** : 난타(難陀). 카필라국의 정반왕과 부처님의 양모인 마하파자파티 사이에서 태어났습니다. 그러므로 정반왕의 둘째 아들이며 부처님의 이복동생입니다. 난타에 관해서는 손타라 여인과의 관계가 유명합니다. 부처님이 깨달음을 얻은 뒤에 고향 카필라성으로 돌아와 이틀째 되던 날, 난타의 태자 즉위식과 새 궁전 입궁식, 그리고 아름다운 처녀 손타라와의 결혼식이 한꺼번에 열렸습니다. 그때 부처님이 식장에 오셔서 그에게 아무런 말도 없이 발우를 주고 뒤돌아 갔습니다. 난타는 부처님을 잠시 뵙고 곧 돌아오리라는 마음을 먹고 손타라를 떠나서 기원정사까지 부처님을 뒤쫓아 가서는, 그곳에서 출가하게 되었습니다. 하지만 손타라를 생각하며 고뇌의 나날을 보내었고, 수행을 제대로 할 수가 없었습니다. 그래서 부처님이 방편으로 천녀(天女)를 보내어 손타라에 대한 집착에서 벗어나게 하였습니다. 그리고 다시 부처님의 신통력에 의해 천상의 즐거움과 지옥의 괴로운 모양을 본 난타는 수도에만 정진하였다고 합니다. 소를 먹이던 목우(牧牛) 난타와 구별하기 위해서 손타라(孫陀羅) 난타라고 합니다.

⑦ **아난다** : 부처님의 사촌동생으로 불전(佛典)에는 그 아버지의 이름을 곡반왕(斛飯王)·감로반왕(甘露飯王)·백반왕(白飯王) 등으로 적고 있어 어떤 명칭이 옳은지 단정하기는 어렵습

니다. '아난다'는 인도말로 '환희'·'기쁨'을 뜻하는데, 부처님께서 성도(成道)하던 날 곡반왕의 집에서 찾아와 "임금님의 동생이 아들을 낳았습니다."라고 전하자 정반왕은 크게 기뻐하여 "오늘은 매우 기쁜 날이다."라며 그 이름을 '아난다(기쁨)'라고 불렀다고 합니다. 나중에 석존이 귀향했을 때, 난타(難陀)·아나율(阿那律) 등과 함께 여덟 살에 그들을 따라 출가하였습니다. 대중들이 부처님의 시자(侍者)로 추천하였으나 여러 번 거절하다가 부처님께 아래와 같은 여덟 가지를 청하였습니다.

"첫째, 부처님께서 받으신 가사를 저에게 주어서는 안 됩니다. 둘째, 부처님께서 받으신 음식을 저에게 나누어 주어서도 안 됩니다. 셋째, 부처님의 처소에 제가 같이 살도록 하시면 안 됩니다. 넷째, 부처님께서 초대받는 곳에 제가 함께 초대받지 않은 한 저를 데리고 가시면 안 됩니다. 다섯째, 멀리서 부처님을 친견하러 온 방문객을 부처님께 소개할 수 있도록 허락해 주셔야 합니다. 일곱째, 의심나는 부분이 있을 때에는 언제라도 제가 질문할 수 있게 허락해 주셔야 합니다. 여덟째, 제가 없을 때 부처님께서 설법하신 내용을 흔쾌히 저에게 다시 설법해 주셔야 합니다."

부처님께 이 내용을 허락받고 25년간 시자를 맡아 부처님을 가까이에서 모시면서 부처님의 법문을 가장 많이 들었기 때문에 이런 연유로 '다문제일(多聞第一)'의 제자라고 합니다. 미남이었던 탓으로 여인의 유혹이 여러 번 있었으나 지조가 강하여 수행을 끝까지 잘 완성하였다고 합니다.

⑧ 데바닷타 : 데바닷타는 부처님의 사촌동생으로 다문제일 아난다존자의 형입니다. '데바닷타(Devadatta)'라는 이름은 '하늘

이 내려 주다'라는 의미가 있습니다. 부처님의 제자가 된 후, 뛰어난 말솜씨와 신통으로, 많은 수행자들에게 신임을 얻고 빔비사라왕의 아들 아자타삿투의 마음을 빼앗아 절을 세우고 공양을 받으면서 탐욕과 교만에 취하였습니다. 한때 부처님께 가서 교단을 달라고 요청했습니다. 그러나 부처님은 "나는 내가 교단을 이끈다고 생각해 본 적이 없다. 사리풋다나 목갈라나와 같은 큰 아라한에게도 교단을 넘겨준다고 하지 않는데, 어떻게 네게 넘겨주겠느냐?"라고 거절하자 데바닷타는 앙심을 품었습니다. 이후 부처님의 가르침에 불만을 품고 자신의 계율을 만들어서 500명의 제자들을 데리고 따로 교단을 세웠습니다. 이때 부처님은 사리풋다와 목갈라나 존자를 보내어 500명의 제자들을 다시 교단으로 돌아오게 했습니다. 그 후 데바닷타는 왕사성(王舍城)의 영취산(靈鷲山) 꼭대기에서 바위를 부처님을 향해 밀었는데, 부처님은 겨우 발끝을 상할 정도에만 그쳤다는 유명한 사건이 있습니다. 그 후 부처님을 독살하려고 시도하다가 오히려 자신이 죽게 되었다고 전합니다.

⑨ **아누룻다** : 아누룻다는 부처님의 작은 아버지 감로반왕(甘露飯王)의 아들이라는 설이 있습니다. 부처님의 사촌동생인 것은 분명하고 아누룻다(Aniruddha)는 산스크리트명이며, 한역경전에서는 아나율(阿那律)으로 음사됩니다. 아누룻다는 '무멸(無滅)', '불멸(不滅)' 등으로 의역됩니다. 아누룻다는 그의 형인 마하나마로부터 출가권유를 받고 석연치 않게 출가를 결심했습니다. 석연치 않은 출가 때문인지 잘 적응하지 못하고 지내던 중에 부처님께서 대중들을 모아놓고 기원정사에서 설법하

실 때 졸다가 호된 주의를 받았습니다. 그 뒤로 다시는 졸지 않겠노라고 다짐하고 일주일 동안 잠을 자지 않는 정진에 들어갔습니다. 그 결과로 실명위기에 처했지만 계속 정진하여 끝내 실명을 하게 되었는데, 육안(肉眼)으로 식별할 수 없는 대신 천안(天眼)을 얻었다고 하며, 그래서 부처님의 10대 제자 중에서 천안제일(天眼第一)이라고 합니다.

⑩ **마하나마** : 마하나마(Mahanama, 摩訶男)는 석가족 카필라성의 왕으로 부처님의 10대제자 중의 한 분인 아누룻다존자의 형이자 부처님의 사촌동생입니다. 대부분의 석가족이 출가할 때 함께 출가하지는 않았지만 석가족으로서의 자긍심이 강했으며, 부처님의 가르침을 생활화하였습니다. 그는 부처님의 10대 제자 중의 한 사람인 아나율의 출가를 권유하였습니다. 그 후 숫도다나왕이 죽은 뒤에 그를 대신해서 카필라성의 임금이 되어 나라를 이끌어갔는데, 훗날 파사익왕의 뒤를 이은 코살라국의 왕 위두다바(마하나마의 외손자)로부터 침략을 받아서 카필라성은 함락되었고, 동족들을 한 명이라도 더 구하기 위해 성을 개방하고 스스로는 강물 속에 몸을 던져 죽었다고 합니다.

3부 / 자유, 신행(信行), 나와 이웃의 행복

문75 신행생활에는 어떤 유익함이 있습니까?

불교에서의 신심(信心)이란 곧 신행(信行)을 말합니다. 불교에서는 맹목적인 믿음과 그것에서 파생되는 아집과 교만을 신심이라고 하지 않습니다. 대승불교의 논서(論書)에서는 신행의 유익함에 대해서 다음과 같이 열 가지로 설명하고 있습니다.

"① 신심은 심성을 맑고 깨끗하게 하고[정화, 淨化], ② 심성을 순수하고 견고하게 하며[결정, 決定], ③ 온갖 괴로움과 번민을 제거하고[환희, 歡喜], ④ 해태심을 억제하여 힘들어도 쉽게 할 수 있도록 하며[무염, 無厭], ⑤ 함께 기뻐하고 함께 즐거워하게끔 하고[수희, 隨喜], ⑥ 덕이 있는 사람을 가벼이 보지 않고 존경하는 마음을 갖게 하며[존중, 尊重], ⑦ 가르침을 배운 대로 따라서 실천하게 하며[수순, 隨順], ⑧ 타인의 보살행을 진심으로 축하하며 칭찬하고[찬탄, 讚歎], ⑨ 그 어떤 것도 무너지지 않게 하며[불괴, 不壞], ⑩ 남을 사랑하고 즐겁게 하는 마음을 일으키며 자비심을 성취하게 한다[애락, 愛樂]."〈대승기신론(大乘起信論)〉의 주석서 〈석마하연론(釋摩訶衍論, 釋論)〉〉

올바른 신심이 제대로 갖춰지면 이 열 가지는 저절로 생겨난다고 합니다. 이처럼 불교를 신행하는 유익함은 신심을 통해서 지혜와 자비심이 쌓이는 것이며, 신행을 통해서 행복과 자유가 생겨나는 것입니다.

문76 올바른 신행이란 어떤 것입니까?

신행에도 다양한 종류가 있습니다. ① 사신(邪信)이라고 하여 사마외도(邪魔外道)를 믿는 것, ② 불신(不信)이라고 하여 어떤 종교도 믿지 않는 것, ③ 미신(迷信)이라고 하여 아무런 분별이 없어 지극정성으로 어떤 대상을 맹신하는 것, ④ 정신(正信)이라고 하여 올바른 진리를 추구하는 것입니다.

불교에서는 네 번째의 신행을 실천하려고 합니다. 불교의 신행은 올바른 실천을 통한 지혜의 증진을 목적으로 합니다. 누군가 "부처님이나 큰스님이 이렇게 말씀하셨다."라고 하더라도 그것을 맹신하는 것은 올바른 신행이 아닙니다. 부처님께서 어떤 사람에게 어떤 취지로 설법한 것인지, 또 큰스님이 어떤 맥락에서 말씀하신 것인지를 올바로 이해해야 합니다. 그리고 가장 중요한 것은 그 가르침이 어떻게 나와 남을 유익하게 하는지를 잘 알고 실천할 수 있어야 합니다.

문77 귀의(歸依)함의 의미는 무엇입니까?

귀의란 불법(佛法)에 대한 '신심'과 '실천'의 균형을 통해서 불법승(佛法僧)을 공경하고 따르는 것을 말합니다. 불교의 신행에는 올바른 이해가 반드시 수반되어야 합니다. 왜냐하면 올바른 이해는 지혜(智慧)로 이어지기 때문입니다. 불교의 신심을 곧 '귀의(歸依)'하는 것입니다. 그래서 열반경(涅槃經)에서는 "신심[신, 信]만 있고 이해[해, 解]가 없다면 무명(無明)만을 증장한다. 이해만 있고 신행이 없다면 사견(邪見)을 증장한다. 원만한 신행과 이해를 통해야만 비로소 실천행의 근본을 이룬다."라고 하였습니다. 귀의하는 신심은 실천[道]의 근본이며 모든 공덕의 어머니입니다. 이것은 불가사의한 일을 성취하게 하며, 몸과 마음을 편안하게 합니다. 또 힘과 희망을 주며 번뇌를 없애줍니다. 뿐만 아니라 생활을 아름답게 하며 생명의 의지처가 되어 온갖 슬픔과 괴로움, 번민을 제거합니다.

문78 불교에서 말하는 행복은 어떤 것입니까?

경전에 제시된 행복에는 세 가지 차원이 있습니다. ① 현재의 세속적 삶에서 직접 경험할 수 있는 행복입니다. 이것은 자신이 속한 공동체에서 사회적 책임을 다하고 구성원간의 존중과 상호 돌봄의 정신을 가질 때 얻어집니다. ② 다음 생으로 연결되는 유익함과 행복입니다. 이것은 열 가지의 착한 행위[十善業]를 실천하고 보시(布施)하는 공덕, 그리고 자비희사의 사무량심(四無量心)을 실천할 때 얻어집니다. ③ 불교에서 말하는 궁극적인 행복은, 괴로움의 연속[輪廻]으로부터 벗어나는 해탈(解脫)·열반(涅槃)입니다. 이것은 올바른 가르침에 의거해서 계율, 선정, 지혜의 삼학(三學 ; 八正道)을 수행할 때 얻어집니다. 불교에서 말하는 행복은 무언가를 더 많이 얻음으로써 가능한 것이 아니라 남보다 내 것을 더 많이 내어주고, 남보다 내가 더 많이 노력하는 것에서 출발합니다.

문79 열 가지의 유익한 행위인 십선업(十善業)이란 무엇입니까?

십선업은, 몸으로 짓는 행위[身業]에서 ① 생명을 해치지 않는 것, ② 주지 않는 것을 취하지 않는 것, ③ 잘못된 성적인 관계를 하지 않는 것입니다. 언어의 행위[口業]로는 ④ 거짓말을 하지 않는 것, ⑤ 남을 이간시키는 말을 하지 않는 것, ⑥ 거친 말을 하지 않는 것, ⑦ 꾸미는 말을 하지 않는 것입니다. 그리고 마음의 행위[意業]로서는 ⑧ 탐욕이 없는 것, ⑨ 악의가 없는 것, ⑩ 바른 견해, 즉 연기법에 대한 안목을 가지는 것을 말합니다.

문80 자비희사(慈悲喜捨)의 사무량심(四無量心)이란 무엇입니까?

사무량심은 중생들을 향한 보살들의 한량없는 네 가지의 마음으로, 중생들에게 헤아릴 수 없는 복덕을 주는 이타심(利他心)입니다. 곧 ① 남에게 즐거움을 주고자 하는 자무량심(慈無量心), ② 남의 괴로움을 없애주고자 하는 비무량심(悲無量心), ③ 남이 행복해지는 것을 기뻐하는 희무량심(喜無量心), ④ 미워하거나 좋아하거나 어느 쪽에도 치우치지 않고 모든 중생들을 평등하게 대하는 사무량심(捨無量心)을 이르는 말입니다.

사무량심은 사범주(四梵住)라고도 하는데, 사범주란 범천(梵天)이 사는 최상의 궁전이라는 뜻으로, 그 의미는 최상으로 수행된 상태를 말합니다. 즉, 사무량심은 일종의 수행법이라고도 할 수 있습니다. ①분노를 제거하기 위한 수행으로 자무량심을 일으키고, ②남에게 상처를 입히는 것을 피하기 위한 수행으로 비무량심을 일으키며, ③자비로 인해 즐거워해야 함에도 불구하고 즐거워하지 않는 심성을 제거하기 위한 수행으로 희무량심을 일으키고, ④탐욕을 제거하기 위한 수행으로 사무량심을 일으키는 것입니다. 다시 말해서 자비희사 각각의 부분에서 자신의 모습을 관찰하며 내가 다른 중생들을 어떻게 보고 있는지를 알아차리고 탐진치(貪瞋癡)를 소멸하여 스스로를 정화하는 수행법입니다.

문81 불교의 수행방법은 사람마다 근기에 따라 어떻게 다릅니까?

부처님께서는 설법을 듣는 상대방의 환경과 조건에 맞게 설법하셨습니다. 이것을 대기설법(對機說法), 혹은 응병여약(應病與藥)이라고 합니다. 또한 사람들의 수행정도에 따라서도 각각 다른 방편의 법문을 하셨는데, 이것을 차제설법(次第說法)이라고 합니다.

부처님은 출가하지 않은 재가자들이 불법(佛法)에 처음 입문할 때는 마음의 번뇌를 내려놓는 방법으로 보시(布施)와 지계(持戒)를 통해서 천상(天上)에 태어나는 생천론(生天論)을 설하셨고, 이미 신심을 일으켜 수행능력이 있는 재가자에게는 사성제(四聖諦)를 가르쳐서 생사를 해탈한 성인(聖人)이 되게 하셨습니다.

오늘날 차제설법을 가장 체계적으로 전하고 있는 것은 티베트의 쫑카빠(Tsong kha pa, 1357~1419C.E.) 스님이 대승·소승의 경전을 총 망라하여 저술한 〈보리도차제(菩提道次第, Lam Lim)〉입니다. 보리도차제에서는 삼사도(三士道)에 의한 수행체계를 하사도·중사도·상사도로 분류하여, 근기에 따라서 불교수행의 목표를 각각 다르게 제시하고 있습니다.

우리가 불교 공부를 하고 수행을 하는 것은 '불교에 대한 지식'을 얻기 위함이 아니라 '불교인으로서의 심성'을 쌓기 위함입니다. 그 심성의 내용에 대해서 〈보리도차제〉에서는 ①세속적 욕망으로부터 벗어난 '출가의 마음'인 종교심, ②인과응보에 대한 이해를 통해 얻어진 '지계의 마음'인 도덕성, ③윤회에서 벗어나고자 하는 '해탈의 마음'인 출리심, ④모든 생명체를 어머니와 같이 대하는 '자비의 마음'인 보리심, ⑤지관(止觀) 수행에 의해 아공(我空)과 법공(法空)을 체득한 '지혜의 마음'인 청정견을 제시하고 있습니다. 중요한 것은 '①종교심 → ②도덕성 → ③출리심 → ④보리심 → ⑤청정견'의 순서로 수행해야만 이런 다섯 가지의 심성이 수행자에게 안정적으로 정착된다는 것입니다. 이 중에서 어느 하나의 심성이라도 결여되어 있다면 그는 성불을 목적으로 하는 보살행자일 수가 없습니다.

특히 초심자들이 올바른 수행을 하기 위해서는 첫 번째 단계인 종교심을 잘 계발해야 합니다. 죽음에 대해 생각하는 명상, 지옥·아귀·축생의 삼악취(三惡趣)에 대한 인식, 사람으로 태어난 고마움의 통찰, 신심이 지극한 삼귀의(三歸依), 인과응보(因果應報)에 대한 철저한 자각 등이 종교심의 계발에 해당되는 내용입니다.

문82 외도들은 불상이 우상숭배라고 하는데 어떻게 보아야 합니까?

우상숭배란 '특정한 물체나 정신에 대하여 독특한 가치를 인정하고 그 물체나 정신으로부터 복(福)이나 화(禍)를 받는다고 믿는 것'을 뜻합니다. 예를 들어서 나무, 암석, 하늘, 바다 등을 숭배하는 행위가 우상숭배에 속합니다. 또 자신의 행동과 신심은 바꾸지 않으면서 어떤 절대자에게 기도하여 구원을 바라는 행위도 우상숭배입니다. 이렇게 본다면 특정한 신앙을 이성적인 검증 없이 맹신하면서 다른 종교와 신행을 비방하는 행위야말로 우상숭배라고 할 수 있습니다. 불교는 스스로 체험하고 증득하는 것 밖에서 신행의 대상을 찾지 않습니다. 왜냐하면 불교는 자신의 무지(無智)를 깨뜨려 부처님과 같은 지혜로운 삶을 사는 것이 목적이지, 부처님께 무조건 행복을 빌어서 얻는 것이 아니기 때문입니다.

불상은 석가모니부처님에 대한 재가자들의 흠모와 그리움으로 조성되기 시작하였고, 불교도들의 문화생활과 더불어 다양하게 발달되었습니다. 특히 대중들로 하여금 부처님의 삶과 수행을 되새겨 바른 진리에 입각한 삶을 무엇보다도 중요시해 왔다는 사실을 간과해서는 안 됩니다. 여타 종교들의 조형물들도 이러한 맥락에서 이해하는 것이 타당할 것입니다. 올바른 신심은 성자들이 말씀하신 진리를 자신의 생활에서 검증하고 그것이 나와 다른 이들에게 어떤 유익함을 가져다주는지를 아는 데서 시작되는 것이기 때문입니다.

문83 절에 불상을 모시게 된 이유는 무엇입니까?

절에 불상을 모시게 된 기원은 인도의 불탑신앙으로 거슬러 올라갑니다. 불탑신앙이란 부처님의 사리탑에 대한 경배를 올리는 신앙행위를 말합니다. 불탑에 대한 경배는 석가모니 부처님께서 입멸하신 뒤에 부처님을 그리워하는 재가신자들이 부처님의 자취를 느낄 수 있는 성지(탄생처, 성도처, 초전법륜처, 열반처)와 부처님의 유골을 모신 사리탑을 순례하며 예배한 데서 시작합니다. 부처님께서 열반에 드실 때 출가스님들에게는 엄격한 수행을 권장하셨고, 일반 재가자들에게는 사리를 나누어 주면서 많은 사람들이 왕래하는 길목에 불탑을 세워 불법(佛法)을 널리 전하기를 권장하셨습니다. 그래서 불탑신앙은 재가자들을 중심으로 발달하게 되었습니다.

처음에는 사리탑만 세워졌지만, 기원후 1세기 즈음에 인도의 간다라 지방에서 그리스 조형문화와 결합된 간다라 양식의 불상이 제작되어 그리스의 신상(神像)들처럼 부처님과 보살의 모습을 직접 표현하기 시작했습니다. 여기에 대승불교운동의 영향으로 인도의 여러 지역에서 독창적 양식으로 부처님의 모습을 예술적으로 조성하였습니다. 이렇듯 대승불교운동과 더불어 조성된 불상은 불교의 전래와 함께 비단길과 바닷길을 통해서 아시아 각국으로 전파되었습니다. 당연하게 불교가 전래된 세계 각지의 사찰에서는 불상을 장엄하게 조성하여 모시게 되었고, 이 전통이 오늘날까지 이어지고 있는 것입니다. 이렇듯 불상을 모시는 전통은 깨달음을 위해 정진하는 수행자들을 위한 것이기보다는 불교를 보다 대중적으로 전파하기 위한 대승적 관점과 깊은 관련이 있습니다. 이로 인해서 다수의 사람들은 불교를 친근하게 접하게 되었고, 신행심이 대중적으로 고취되었으며, 그와 더불어 찬란한 문화유산을 세계 곳곳에 남기게 되었습니다.

문84 삼신불(三身佛)에 대해서 설명해 주세요.

삼신불(三身佛)은 부처님이라는 위대한 인격자를 그 본질[體]과 현상[相], 그리고 기능[用]의 측면에서 각각 나누어 살펴본 것으로, 법신불(法身佛)·화신불(化身佛)·보신불(報身佛)을 말합니다.

법신불(法身佛)은 말 그대로 진리[法]의 몸[身]이란 뜻으로 진리 그 자체를 인격화해서 모시는 비로자나부처님을 말합니다. 모든 부처님들의 가장 궁극적인 모습이 바로 법신이신 비로자나부처님입니다. 그러므로 이 부처님은 마치 광명과 같아서 특별한 형상이 있을 수 없고 아무런 걸림이 없으므로 온 우주에 두루하여 모든 곳에 존재하는 부처님입니다.

보신불(報身佛)은 과보[報]의 몸[身]이란 뜻으로, 서원을 세워 장구한 세월동안 수행을 통해 깨달음을 이룬 부처님을 말합니다. 서원으로 출발하여 영원한 진리인 깨달음에 도달하였으므로 시작은 알 수 있지만 끝이 무한한 부처님입니다. 보신불에는 마흔 여덟 가지의 서원을 세워 서방정토를 건설한 아미타불(阿彌陀佛)과 12대원을 세워 성취한 약사여래불(藥師如來佛), 그리고 노사나불(盧舍那佛)이 있습니다.

화신불(化身佛)은 응신불(應身佛)이라고도 하는데, 구제받고자 하는 중생들의 요구에 응하여 그들과 같은 모습으로 세상에 화현하신 부처님을 말합니다. 2,600여 년 전에 인간 세상에 출현하신 석가모니부처님이 화신불에 속합니다. 화신불은 중생의 세계에 중생의 모습으로 나타난 부처이므로 깨달음을 성취한 시점과 입멸(入滅)이라는 시작과 끝이 있는 부처님입니다.

법신불은 우주 그 자체이므로 인간에게 언어로서 설법하지 않고, 보신불은 정토에 있으므로 인간이 직접적으로 설법을 들을 수는 없는 데 비해 화신불은 인간의 육신으로 나타난 부처님이므로 인간의 언어로 진리를 설법한 부처님입니다. 화신불인 석가모니부처님의 몸에 갖춘 서른두 가지의 원만하고 성스러운 모습을 삼십이상(三十二相)이라고 하는데 불상을 조성할 때 이것에 의존합니다.

문85 우리나라의 절에는 어떤 부처님들이 모셔져 있습니까?

① **석가모니부처님(釋迦牟尼佛)** : 석가모니는 범어로 사카무니(Śākyamuni)이며, 석가족의 성자라는 뜻입니다. 세상의 많은 사람들이 높게 받들어 모시는 분이라는 뜻에서 '세존'이라 하기도 하고, 다른 말로 '석존'이라고도 합니다. 불교의 교주(敎主)이자 대웅전의 주존불(主尊佛)로 모시는 부처님으로서 보리수 아래에서 마왕의 유혹을 물리치고 항복을 받은 것을 상징하는 수하항마촉지인(樹下降魔觸地印)의 형상이 일반적인 특징입니다. 이 자세는 왼손 손바닥을 위로 하여 단전 부근에 대고 오른손을 무릎에 얹어 마왕을 누르듯이 아래로 누르는 모습입니다. 항마촉지인의 형상 이외에도 정각을 이룬 성도상[禪定印], 성도한 내용으로 대중을 교화하는 설법교화상[施無畏印과 與願印, 轉法輪印], 무여열반에 든 열반상[臥佛]으로 모시는 경우도 있습니다. 또한 부처님 오신 날의 관불의식에서는 천지인(天地印)의 형상을 하고 있는 아기 부처님을 모십니다. 일반적으로 석가모니부처님의 좌우(左右) 협시보살(脇侍菩薩)은 지혜의 화신인 문수보살과 실천의 화신인 보현보살입니다.

② **비로자나부처님(毘盧遮那佛)** : 비로자나는 범어로 바이로차나(Vairocana)이며 한문으로는 변일체처(遍一切處), 광명변조(光明遍照)로 번역하는데, 모든 곳에 계시어 광명으로 두루 비춘다는 뜻입니다. 그래서 비로자나불을 봉안한 불전을 대광명전 혹은 대적광전 등으로 부릅니다. 비로자나부처님은 연화장세계(蓮華藏世界, 연꽃 속의 맑고 깨끗한 세계)의 교주이며 삼천대

천세계의 교주이기도 하며 진리를 표현하는 법신불(法身佛)입니다. 화엄종의 주존불이며 선종과 밀교의 주불이기도 합니다. 수인은 대부분 지권인(智拳印)인데, 말 그대로 오른손으로 왼손의 집게손가락을 감싸고 있는 모습입니다. 비로자나부처님의 협시보살은 석가모니부처님과 같이 문수보살과 보현보살이지만, 불전의 규모가 클 경우에는 좌우에 노사나불과 석가모니불이 협시하는 이른바 삼신불(三身佛)을 모시는 경우도 있습니다.

③ 아미타부처님(阿彌陀佛) : 아미타는 범어로 아미타유스(Amitayus, 무한한 광명)와 아미타바(Amitabha, 무량한 수명)이며, 한문으로는 무량광불(無量光佛), 무량수불(無量壽佛)이라 번역합니다. 원래 아미타부처님은 까마득한 옛날에 임금의 신분이었으나 부귀영화를 버리고 세자재왕여래(世自在王如來)께 출가하여 이름을 법장비구(法藏比丘)라고 하였습니다. 법장비구는 중생들을 구제하기 위해 사십팔대원(四十八大願)을 세우고 오랫동안 보살행을 닦아 성불하여 서방정토에 극락세계를 건설하였습니다. 특히 어려운 수준의 불교 교설을 깨닫지 못하는 중생들에게 부처님과 같이 빨리 성불할 수 있는 방법을 제시하였는데, '나무아미타불(南無阿彌陀佛)'이라는 육자진언(六字眞言)을 외우게 한 것이 바로 그 방법입니다. 누구든지 무량한 광명을 지닌 아미타불에 귀의한다는 의미를 지닌 이 염불을 정성껏 지송하면 깨달음을 얻고 성불할 수 있다는 것이 아미타불 신행입니다. 아미타부처님은 정토신앙을 숭봉(崇奉)하는 불교 종파에서 가장 중요하게 모시는 부처님으로 주로 통견(通肩, 가사로 양어깨를 덮은 모습)의 모습을 하고 있습니다.

수인은 극락정토에 왕생하는 사람들의 근기에 상응하여 9품 (九品)으로 나누고, 그 모습 또한 각기 달리하고 있으나 통상 적으로 미타정인(彌陀定印)이라 합니다. 우리나라에서는 하품 (下品)의 자세를 취하고 있는데, 오른손은 가슴 앞까지 들어 손바닥을 밖으로 하고 왼손은 무릎 근처에 놓은 형상입니다. 아미타부처님을 봉안하고 있는 법당은 극락전(極樂殿), 미타전 (彌陀殿), 무량수전(無量壽殿), 무량광전(無量光殿) 등으로 불립 니다. 좌우 협시보살은 자비의 화신인 관세음보살과 극락세계 의 지혜의 화신이면서 동시에 지혜문(智慧門)을 맡고 있는 대 세지보살입니다.

④ 약사여래부처님(藥師如來佛) : 약사여래는 범어로 바이사 지아구루(Bhaisajyaguru)이며 한문으로는 대의왕불(大醫王佛), 의 왕선서(醫王善逝)라고도 합니다. 동방정유리광세계의 교주이며, 약왕보살(藥王菩薩)로서 수행하고 있을 때 중생의 병을 치료하 고 수명을 연장하며 뜻밖의 불행한 재화를 소멸하여 의복·음 식 등을 만족하게 하는 등의 12가지의 대서원(大誓願)을 발원 하였습니다. 12가지의 서원을 발원하고 수행 정진하여 동방 만월세계의 약사유리광부처님으로 성불하였다고, 〈약사여래본 원경(藥師如來本願經)〉에 전하고 있습니다. 불교가 대중화되면 서 질병의 괴로움을 퇴치하는 의사 격인 부처님이 요구되었는 데, 여기에 부합하여 출현한 부처님이 바로 약사여래부처님이 라고 할 수 있습니다. 약사여래부처님은 손에 봉긋한 약을 지 물로 가진 약기인(藥器印)을 짓고 있는 모양이 특징적입니다. 왼손은 약병을 들고 오른손은 손바닥이 보이도록 하여 남에게

물건을 베풀어주는 시무외인(施無畏印)을 하고 있는 경우가 많습니다. 협시보살은 일광보살과 월광보살이며, 약사 십이지신상(藥師 十二支神像)을 거느리고 있습니다.

⑤ **미륵부처님(彌勒佛)** : 미륵은 범어로 마이트레야(Maitreya)로 자씨(慈氏)라고 의역되며 우정이라는 뜻을 담고 있습니다. 미륵은 메시아(Messiah)의 어원이기도 하며 미래의 부처님입니다. 미륵보살은 석가모니부처님 당시에 인도 바라나국의 바라문 집안에 태어나 석가모니부처님의 제자가 되었고, 석존으로부터 "먼 훗날에 화림원의 용화수 아래에서 성불하여 삼회설법[龍華三會]으로 사바세계 중생을 모두 제도하리라."라는 수기를 받았습니다. 부처님보다 먼저 입멸하여 지금은 도솔천에 보살로 있으면서 그 곳의 천인(天人)들을 교화하고 있다고 합니다. 미륵보살은 석가모니부처님이 열반에 든 뒤 56억 7천만 년이 지난 후에 구제되지 못한 중생들을 제도하기 위해 이 사바세계에 출현하여 화림원(華林園)의 용화수(龍華樹) 아래에서 성도하여 3회의 설법으로 3백억의 중생을 제도한다고 합니다.

용화수 아래에서 성불하기 이전까지를 미륵보살이라 하고 성불한 뒤를 미륵불이라 부릅니다. 도솔천에서 대중을 교화하고 계시는 미륵보살이 미륵부처님으로 오시는 세계를 용화세계(龍華世界)라 하고, 미륵부처님의 회상을 용화회상(龍華會上)이라고 합니다. 미륵부처님은 주로 오른손을 어깨까지 올려 손바닥을 바깥쪽으로 향한 시무외인(施無畏印)을 하고 계시는데, 이는 복덕을 베풀어 중생의 두려움을 제거하게 한다는 의미입니다. 경우에 따라 손바닥을 밖으로 하여 내린 모습인 여원인(與願印)을 하고 있는 경우도 있습니다. 여원인은 중생이 원하는 바를 이루게 한다는 수인입니다. 미륵부처님을 모신 법당을 미륵전이라 합니다. 미륵전은 미륵부처님이 미래에 용화세계에서 중생을 교화하는 것을 상징화한 법당으로써 미륵신앙을 도량의 형상으로 상징화한 것이자, 미래에 미륵부처님의 세계에서 함께 정각을 이룰 것을 발원하는 장소입니다.

⑥ **문수보살(文殊菩薩)** : 문수는 지혜를 상징하는 보살로서 오른손에는 지혜의 칼을 들고 왼손에는 청련화(靑蓮華)를 들었으며 사자를 탄 모습을 하고 있습니다. 이러한 문수보살의 모습은 중생의 무명번뇌(無明煩惱)를 지혜의 칼로 끊고, 세상 현실에 있으면서도 탐진치(貪瞋癡) 삼독에 오염되지 않는 지혜로 모든 존재의 실상을 바로 보고, 용맹스럽게 정법을 실천하는 위신력을 뜻합니다. 문수보살의 이름을 들으면 살생·도둑질·음행·망어로 지은 사중죄(四重罪)가 일시에 소멸한다고 하여 널리 추앙되고 있으며, 〈화엄경〉에서는 선재동자의 스승으로 화현(化現)되고 있습니다. 문수보살은 석가모니불을 왼쪽에서 협시하는 보살로서, 오른쪽의 보현보살이 실천행원을 맡은 데 대하여 지혜를 맡고 있습니다. 또한 비로자나불의 협시보살로서 보현보살과 더불어 삼존불의 일원이 되고 있는데, 머리에 오계(五髻, 다섯 개의 상투)를 맺고 있는 것은 비로자나불의 협시보살로서 비로자나불의 오지(五智)를 표현한 것입니다.

⑦ **보현보살(普賢菩薩)** : 보현보살은 실천행의 위신력이 법계에 충만하여 부처님과 다름없음을 뜻합니다. 보현보살은 실천을 상징하는 보살로서 문수보살과 함께 모든 보살의 으뜸입

니다. 보현보살의 형상은 여러 가지 모습이 있으나 주로 연꽃을 쥐고 여섯 개의 어금니[牙]가 난, 흰 코끼리를 타고 있는 모습과, 연화대(蓮花臺)에 앉아 있는 두 가지의 모습을 하고 있습니다. 온몸이 움직이고 걸음이 땅 깊이 사무치며, 거동이 덕스럽고 착실한 코끼리의 모습에서 보현보살의 덕행을 표현한 것입니다. 보현보살은 석가모니부처님의 중생제도를 돕고, 또 중생들의 목숨을 연장하는 덕을 지녔으므로 보현연명보살, 또는 연명보살이라고도 합니다.

⑧ **관세음보살(觀世音菩薩)** : 관세음보살은 관자재(觀自在), 광세음(廣世音), 관세음자재(觀世音自在), 관음(觀音)이라고도 합니다. 흔히 관음보살이라 약칭(略稱)하는 경우가 많은데, 고해 중생의 간절한 염원을 관조하여 구원의 자비를 베푸시는 분, 또는 불안과 공포가 없는 마음을 주시는 분이라는 의미를 가지고 있습니다. 관세음보살은 아미타불의 왼쪽에 모셔져 있는 보살이며 대자대비(大慈大悲)를 근본 서원으로 하는 보살로서 자비를 상징하는 보살입니다. 중생의 근기에 따라 갖가지 모습으로 화현하여 중생들을 교화하는데 크게 33가지의 형상이 있어 보문시현(普門示現)이라 불립니다. 또한 천수천안(千手千眼)의 보살로서 세상을 교화함에는 중생의 근기(根機)에 맞추어 성관음(聖觀音)·천수천안관음(千手千眼觀音)·마두관음(馬頭觀音)·십일면관음(十一面觀音)·여의륜관음(如意輪觀音)·준제관음(准提觀音) 등 33가지의 다른 모습을 나타냅니다. 이 중에서 성관음은 여러 관음으로 변화하기 전의 본래 관세음보살을 말하며, 이 성관음이 본신이고 그 나머지는 모두 보문시현

의 변화에 의해 나타난 화신입니다. 우리가 흔히 볼 수 있는 관음은 성관음 이외에 십일면관음과 천수천안관음이 있습니다. 십일면관음은 인도에서 최초로 화현한 관음으로 머리 부분에 성난 모습, 웃는 모습 등의 11가지의 다른 표정을 가지고 다양한 중생들을 제도합니다.

천수천안관음은 천개의 손과 각각의 손에 한 개씩의 눈을 가지고 각각 다른 물건을 들고 있는 관음인데, 이러한 형상은 손이 단지 중생들을 제도하는 방편의 도구가 아니라, 하나하나의 손이 바로 인격의 본체임을 상징하는 것입니다. 조각이나 미술 작품에서 천 개의 손을 다 형상화할 수 없어 한 쪽에 20개의 손을 묘사하여 총 40개만을 형상화하는데 그것은 지옥에서 천상까지 중생의 세계를 25단계로 나눈 불교의 세계관에 의해 25가지의 중생들을 각각의 손이 구제한다는(40×25) 의미입니다. 아미타불을 협시할 때는 보관에 아미타화불을 표현합니다.

⑨ 대세지보살(大勢至菩薩) : 대세지보살은 발을 한 번 내디디면 삼천대천세계의 나쁜 무리들의 집이 진동하고, 대세지보살을 뵙는 자는 고난이 저절로 소멸되어 수승한 안락을 얻게 되며, 불의의 위험과 가혹한 형벌을 받게 되었을 때 지극한 마음으로 보살님께 귀의하고 염불하면 바로 해탈을 얻게 되는 큰 힘이 있다고 하여 대세지(大勢至)라고 합니다. 광명지혜(光明智慧)로 삼악도를 관찰하여 중생의 고통을 여의게 하는 위신력의 보살이며 극락세계의 지혜를 대표하며 지혜문(智慧門)을 맡고 있습니다. 보살의 모습은 정수리에 보배 병을 얹고, 왼쪽 손에는 백련화(白蓮華)를 잡고 있습니다. 오른쪽 손은 설법인

(說法印)을 했으며 혹은 허심합장(虛心合掌, 합장한 손바닥이 조금 빈 듯한 모양)을 한 모습 등 여러 가지의 형상이 있습니다. 봉우리 진 연꽃을 잡고 있는데 그것은 법의 종자(種子)를 중생의 마음에 뿌리고 중생들이 지닌, 법의 싹을 보호하여 잘 자라게 한다는 것을 상징합니다. 관세음보살과 함께 인행할 당시에 일백 대원을 세워 수행한 보살이며 아미타불의 오른쪽에 모셔져 있습니다. 〈관무량수경〉에 의하면 대세지보살은 관세음보살과 함께 아미타불을 모시는 미타삼존이기도 합니다.

⑩ **지장보살(地藏菩薩)** : 지장(地藏)은 '지(地)를 함장한다', '지중(地中)의 장(藏)'이란 의미로서 〈지장십륜경〉에는 선근을 낳게 하는 것은 대지의 덕이라고 하여 지장보살은 대지의 덕을 상징하는 것으로 여겨졌습니다. 특히 지장보살은 "지옥이 텅 비지 않는다면 결코 성불을 서두르지 않겠다. 육도(六道)의 중생이 다 제도되면 그 때에 깨달음을 이루겠다."라는 서원을 세워 석가모니부처님으로부터 남다른 칭찬을 받은 보살로서 미륵보살이 성도할 때까지 중생제도를 당부 받은 보살입니다. 또한 석가모니부처님이 입멸하고 미륵부처님이 아직 도래하지 않은 기간에 육도의 중생들을 교화하는 대원보살입니다.

특히 지장보살은 지옥에서 고통 받는 중생들을 구원하기 위해 지옥의 중생들을 교화하여 제도하는 지옥세계의 부처님으로 잘 알려져 있습니다. 다른 보살들과는 달리 화려한 보관 대신 삭발한 스님의 머리를 하고 있거나, 때로는 두건을 쓰기도 합니다. 시무외인을 한 모습으로, 왼손에는 월륜(月輪, 구슬 보석)을, 오른손에는 석장(錫杖)을 쥔 모습이거나, 왼손에 연꽃

111

을, 오른손에 구슬 보석을 쥐고 있는 모습입니다. 지장보살은 도명존자(道明尊者)와 무독귀왕(無毒鬼王)이 좌우에서 보좌하고 있습니다. 지장보살이 봉안된 전각을 지장전(地藏殿), 명부전(冥府殿), 혹은 시왕전(十王殿)이라고 합니다.

문86 부처님의 여러 수인(手印)에는 어떤 의미가 있습니까?

불보살님들은 다양한 손 모양을 하고 있습니다. 손으로 어떤 모양을 나타낸 것을 수인(手印)이라 하고, 손에 연꽃이나, 칼·약병·탑·석장·보주·법륜·금강저·보병 등의 지물을 든 것을 계인(契印)이라 합니다. 수인은 불보살님들의 자내증(自內證)의 복덕을 표시하기 위해 손과 손가락으로 표현하는 상징이며, 여러 불보살님은 다음과 같이 각각 특유의 수인과 계인으로 표현됩니다.

■ 석가모니부처님 근본오인(根本五印)

① 항마촉지인(降魔觸地印) : 석가모니부처님의 정각(正覺)을 상징하는 수인으로 결가부좌한 선정인(禪定印)의 상태에서 오른손을 풀어서 오른쪽 무릎 위에 얹고 손가락을 땅으로 가리키는 모습입니다. 마왕(魔王)을 물리치고 손가락으로 그 작란(作亂)을 누르고 있는 모습입니다.

② 법계정인(法界定印)·선정인(禪定印) : 왼손은 손바닥을 위로 해서 배꼽 앞에 놓고 오른손도 손바닥을 위로 해서 겹쳐 놓되, 두 엄지손가락은 서로 맞댄 모습입니다. 오른손이 왼손

위에 가는 것이 원칙입니다. 참선할 때 짓는 수인이며, 삼매에 든 것을 의미합니다. 그래서 선정인(禪定印)이라고도 하며 결가부좌일 때 취하는 수인입니다. 이를 법계정인이라고 하는 이유는 석가모니부처님의 삼매는 곧 법계의 체성(體性)과 본질을 증득하는 것이기 때문입니다.

③ 전법륜인(轉法輪印) : 석가모니부처님이 최초로 설법할 때 취한 손 모양으로 전해집니다. 일반적으로 전법륜인은 석존의 설법을 상징합니다. 오른손은 엄지와 집게손가락을 맞대고 나머지 손가락은 폅니다. 그리고 왼손의 엄지와 검지의 끝을 맞대고 나머지 손가락은 폅니다. 이어서 왼쪽 손바닥은 위로 하고 약지와 소지의 끝을 오른쪽 손목에 대고 오른손 손바닥은 밖을 향한 모양입니다.

④ 시무외인(施無畏印) : 시무외인은 서서 계신 부처님이 주로 취하는 수인이며, 중생들에게 자비를 베풀어 두려움과 고통을 떠나 온갖 근심과 걱정을 없도록 하는 수인으로, 이포외인(離怖畏印)이라고도 합니다. 다섯 손가락을 가지런히 위로 뻗고 손바닥을 밖으로 하여 어깨높이까지 올린 모양입니다.

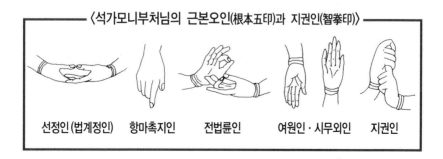

〈석가모니부처님의 근본오인(根本五印)과 지권인(智拳印)〉

선정인 (법계정인)　　항마촉지인　　전법륜인　　여원인·시무외인　　지권인

⑤ **여원인(與願印)** : 여원인은 서서 계신 부처님이 주로 시무외인과 함께 취하는 수인이며, 부처님께서 중생에게 대자대비의 복덕을 베풀어 중생이 원하는 바를 달성하게 하는 수인입니다. 손바닥을 밖으로 하고 다섯 손가락을 펴서 밑으로 향하고 손 전체를 늘어뜨리는 모양으로 시무외인과 반대의 모습입니다.

■ 비로자나불의 수인

① 지권인(智拳印)

왼손의 집게손가락을 펴서 오른손으로 감싸 쥐는 손의 모양입니다. 오른손은 부처님의 세계를, 왼손은 중생의 세계를 의미합니다. 중생들이 살아가는 세계는 부처님의 몸 그 자체라는 것을 뜻합니다. 부처와 중생, 미혹과 깨달음이 떨어져 있는 것이 아니라 하나의 세계라는 것을 의미합니다.

② 법계정인(法界定印)

석가모니부처님의 법계정인과 같은 형태로 왼손은 손바닥을 위로 해서 배꼽 앞에 놓고, 오른손도 손바닥을 위로 해서 겹쳐 두 엄지손가락을 서로 맞댄 모습입니다. 경우에 따라 비로자나불이 결가부좌한 상태에서 이 모습을 취하고 있는 경우도 있습니다. 보통 오른손이 왼손 위에 가는 것이 원칙입니다.

■ 아미타불의 구품정인(九品定印)

아미타여래의 수인은 극락세계에 왕생하는 무리를 상중하의 삼품(三品)으로 나누고 이를 각각 삼생(三生)으로 나누어 아홉 가지 모습을 나타내어 각 단계의 근기에 맞게 설법하는 수인입니다. 그래서 구품정인이라고 하며, 묘관찰지정인(妙觀察智定印)이라고도 합니다.

상품상생인(上品上生印)은 법계정인(法界定印)과 동일한 자세와 모양에서 집게손가락을 구부려 엄지에 댑니다. 상품중생인(上品中生印)은 같은 모양에서 중지를 구부려 엄지에 대며, 상품하생인(上品下生印)은 무명지(無名指, 넷째 손가락)를 구부려 엄지에 댑니다. 중품(中品)의 수인은 두 손을 가슴 앞까지 들고 손바닥을 밖으로 하여 나타내는 수인인데, 중품상생인은 두 손의 집게손가락을 엄지에 마주 대고, 중품중생인은 중지에 마주 대고 하생인은 약지를 대는 모습입니다. 하품(下品)의 수인은 한 손은 가슴 위로 올리고 다른 한 손은 아래로 향하는 수인인데, 단 손가락의 모양이 중품인과 같은 모양입니다.

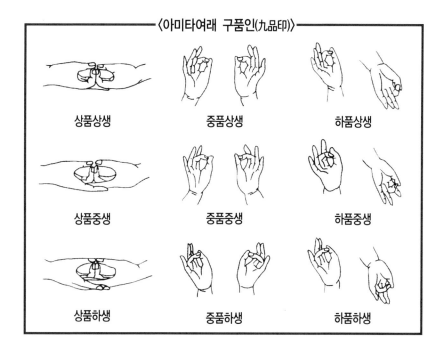

〈아미타여래 구품인(九品印)〉

상품상생	중품상생	하품상생
상품중생	중품중생	하품중생
상품하생	중품하생	하품하생

■ 기타수인

① **내영인(來迎印)** : 서방정토에 왕생하기를 원하는 사람이 임종할 때 아미타불이 그 사람을 맞아 준다는 인상입니다. 부처님을 상징하는 오른손을 들고 왼손은 내려놓아 왕생자를 맞이하는 모습입니다. 엄지와 검지, 또는 엄지와 중간 손가락을 둥그렇게 하는 모습인데, 이는 극락세계를 상징합니다.

② **안위인(安慰印)** : 중생을 편안하게 위로 하는 결인(結印)으로 오른손 또는 좌우 양손의 엄지와 검지를 서로 엇걸어 쥐는 결인입니다.

③ **무소부지인(無所不至印)** : 두 손을 합하여 깍지를 지어 오른손의 다섯 손가락은 왼손의 다섯 손가락 위에 두고, 두 손의 엄지와 집게손가락을 마주 누릅니다. 비로자나불의 비밀스러운 진언을 나타냅니다.

④ **천지인(天地印)** : 탄생불의 모습으로 석가모니부처님이 탄생하자마자 일곱 걸음을 걷고 한 손으로 하늘을 다른 한 손으로 땅을 가리키며, 천상천하유아독존(天上天下唯我獨存)이라고 외친 것에서 유래한 인상입니다.

문87 보시(布施)의 의미는 무엇입니까?

보시는 자기 소유물을 필요한 사람에게 베풀어주는 것으로 사람의 인색하고 탐욕스런 마음을 제거하는 연장의 역할을 합니다. 보시에는 ① 가난한 이들에게 자기의 재물을 베풀어주는 재시(財施), ② 재난이나 위험 등에 처해 두려워하는 사람들에게 평화와 안녕을 얻도록 해주는 무외시(無畏施), ③ 진리의 가르침을 말해주어 바른 견해와 선근(善根)을 싹트게 해주는 법시(法施)의 세 가지가 있습니다. 이것을 삼시(三施), 즉 세 가지 보시라고 합니다.

문88 보시에는 어떤 공덕이 있습니까?

인도의 마명보살이 지은 대승기신론(大乘起信論)에 의하면, ① 재시는 자신에게 와서 구하는 사람을 위해, 자신의 재력에 따라 지니고 있는 재물을 베풀어줌으로써 스스로 인색하고 탐욕스런 마음을 버리고 상대방으로 하여금 기쁘게 하는 것이고, ② 무외시는 재난과 위기에 처해 두려워하는 사람을 위해 자신이 할 수 있는 만큼 평화와 안녕을 얻도록 해주는 것이며, ③ 법시는 자신에게 와서 진리를 구하려는 사람을 위해 자기가 알고 있는 범위 내에서 이를 정성껏 말해 주는 것이라고 풀이하고 있습니다. 보시는 자신의 명예와 이익 또는 공경을 받기 위해서가 아니라, 오직 자신의 수행과 상대방의 행복에 보탬이 되게 하기 위해 실천하는 것입니다. 보시는 대승보살이 수행하여 궁극적인 경지에 도달하기 위한 방법인 육바라밀(六波羅蜜)의 첫 번째 공덕인 보시바라밀(布施波羅蜜)로 제시됩니다. 보시바라밀은 단지 남에게 무언가를 베풀어준다는 보시의 개념을 넘어서 보시의 그 공덕도 생각하지 않고, 보시한다는 생각조차 없이 무한한 보시를 실천하는 것을 말합니다.

문89 공양(供養)이란 무엇이며 보시와는 어떤 차이가 있습니까?

공양이란 범어 '푸야나(pujana)'를 의역한 것으로 '공급하여 자양한다'라는 의미를 지니고 있습니다. 이는 본래 인도에서 성자나 스승에게 가르침을 받고, 그에 대한 감사와 존경의 뜻으로 음식이나 옷을 올린 데서 유래되었습니다. 인도에서 이러한 공양이 베풀어지게 된 배경에는, 자신이 행하지 못하는 범행(梵行)을 출가자가 대신 행함에 따라 재가자는 출가자가 필요한 물품, 즉 재공양(財供養)을 행하게 되었습니다. 한편 출가자는 자신이 수행하여 증득한 진리, 즉 법공양(法供養)을 행함으로써 재공양과 법공양의 두 가지가 동시에 구족되었습니다. 따라서 공양을 통해서 상호 작복(作福)의 기회가 제공되었다는 것입니다. 초기불교에서는 사사공양(四事供養)이라고 하여 수행자의 일상생활에 필요한 음식·의복·와구(침구)·의약의 네 가지의 공양물이 출가자에게 헌공되었습니다.

다른 이에게 무언가를 베푼다는 의미에서 공양과 보시(布施)가 유사한 의미로 쓰이는 경우가 많지만 공양과 보시는 내용적으로 차이가 있습니다. 공양은 나보다 훌륭한 존재에게 무엇인가를 베푼다는 의미가 강하고, 보시는 상대방 신분의 높고 낮음에 관계없이 베풀어준다는 의미에 가깝습니다.

문90 공양에는 어떠한 공덕이 있습니까?

공양의 공덕에 대하여 〈잡비유경(雜譬喩經)〉에서는 이렇게 전하고 있습니다.

부처님께서 탁발하기 위해 어느 집 대문 앞을 지나실 때, 그 집의 아낙네가 밥을 부처의 발우에 넣고 예배를 드렸다. 부처님께서는 여인에게 이렇게 말씀하셨다.

"하나를 심어 열을 낳고, 열을 심어 백을 낳고, 백을 심어 천을 낳고, 천을 심어 만을 낳고, 만을 심어 억을 낳나니, 오늘의 선행으로 인해 진리의 도(道)를 보게 되리라."

그 말을 들은 그녀의 남편이 믿어지지 않아서 여쭈었다.

"한 바리의 밥을 보시한 것뿐인데, 어떻게 이런 복을 얻을 수 있겠습니까?"

부처님께서 말씀하셨다.

"저기 무화과나무를 보라. 높이가 4~5리(里)나 되고, 해마다 몇만 석의 열매를 떨구어 주지만, 그 씨는 겨자씨처럼 아주 작지 않느냐? 땅은 아무 의식도 없는 존재이건만 그 과보의 힘이 이와 같거든, 하물며 생명을 지닌 사람일까 보냐? 기쁨으로 한 바리의 밥을 부처님께 바칠 때, 그 복은 매우 커서 헤아릴 수 없느니라."

이에 그들 부부 두 사람은 크게 깨달아 성인의 지위에 올라 수다원과(須陀洹果)를 얻었다.

이처럼 공양은 복덕의 씨앗이 되는 보살행의 첫 출발이 될 뿐만 아니라, 탐욕에 가려져 있는 본래의 자기를 회복하는 가장 기본적인 수행입니다.

문91 공양에는 어떤 종류가 있습니까?

초기교단에서는 승가의 법공양과 재가의 사사공양이 주로 이루어졌지만, 부처님의 입멸 후에는 크게 ① 부처님의 법(法)을 지키고 전하는 법공양(法供養), ② 의복·음식 등 세간의 재물을 불법승의 삼보 전에 올리는 재공양(財供養)의 두 가지로 나누어졌습니다. 왜냐하면 부처님 재세시와는 달리 부처님의 말씀을 바르고 널리 전달하는 법공양의 역할이 승가와 재가 할 것 없이 한층 강조되었기 때문입니다. 특히 금강경 등의 대다수 대승경전에서는 부처님 말씀을 기록한 경전을 유포하는 법공양이 가장 수승하다는 내용을 명시적으로 강조하고 있습니다. 이것은 위로 깨달음을 구함과 동시에 아래로는 중생들을 구제한다는 대승불교의 정신을 반영하는 것입니다. 이와 별개로 공양의 대상에 따라서 ① 부처님께 올리는 불공(佛供), ② 부처님 법을 전하는 법공(法供), ③ 스님들께 올리는 승공(僧供), ④ 죽은 이에게 올리는 추선공양(追善供養) 등으로 나누는 경우도 있습니다. 공양하는 사람을 공양주(供養主)라 하고, 공양의 의의를 기록한 것을 공양문(供養文)이라고 합니다.

문92 육법공양(六法供養)이란 무엇입니까?

육법공양이란 깨달음과 관련된 여섯 가지의 법(法)을 부처님 전에 올리는 공양입니다. 육법이란 향, 등, 차, 꽃, 과일, 쌀을 말합니다.

① 향 : 불교에서 가장 많이 올리는 공양이 향입니다. 그 이유는 향이 불교의 최고 경지인 해탈을 의미하기 때문입니다. 향이 해탈 세계를 상징하는 것이므로 해탈향(解脫香)이라고 합니다.

② 등 : 향 다음으로 많이 올리는 공양이 등불입니다. 등은

부처님께서 정각을 성취하신 뒤에 밝은 지혜로서 모든 인간들의 어둠을 밝힌 것을 상징합니다. 등은 반야(般若)의 지혜를 의미하므로 반야등(般若燈)이라고 합니다.

③ 꽃 : 과실나무는 열매를 맺기 전에 꽃이 피기 때문에 부처님 전에 올리는 꽃은 해탈을 이루기 전에 닦는 수행 정진을 상징합니다. 해탈이라는 열매를 맺기 전에 열심히 공부하고 만 가지의 수행을 몸소 실천해야 한다는 뜻에서 이 꽃을 만행화(萬行華)라고 합니다.

④ 과일 : 과일은 깨달음이라는 결과를 상징합니다. 불교에서 깨달음을 보리(菩提)라고 하므로, 이 과일을 보리과(菩提果)라고 합니다.

⑤ 차 : 차를 공양할 때는 작설차 등 고유의 차를 올리고 차가 없을 때는 맑고 깨끗한 정수를 떠서 공양합니다. 부처님 전에 올리는 차와 청정수는 단지 물이 아니라 중생들의 근심과 걱정을 소멸하고 원하는 바를 성취케 하는 힘을 길러준다고 하여 감로다(甘露茶)라고 합니다.

⑥ 쌀 : 쌀은 기쁨과 환희를 상징합니다. 봄부터 수많은 노력을 한 뒤에 수확을 하는 기쁨처럼 끝없는 정진(精進)으로부터 얻은 깨달음의 기쁨은 말로 표현할 수가 없을 것입니다. 그래서 공양 올리는 쌀을 선열미(禪悅米)라고 하는데, 선열은 곧 법락(法樂)입니다. 법락이란 불교의 가르침을 체득함으로 인하여 일어나는 기쁜 마음입니다.

문93 연등(燃燈)을 밝히는 이유는 무엇입니까?

연등(燃燈)은 석가모니부처님 재세시에 아사세왕이 기원정사에서 부처님의 법문을 청했을 때, 여기에 동참한 이들이 기름 등불을 밝혀 법회자리를 환하게 밝힌 것에서 유래되었습니다.

부처님께서 기원정사에서 법문을 하실 때 '난다'라는 한 여인이 있었는데, 그녀는 너무도 가난하여 구걸로 겨우 생활을 이어갈 정도였습니다. 부처님이 오신다는 소식을 접한 그녀는 자신의 처지가 가난하기 짝이 없었지만 등불 공양을 반드시 올려야겠다고 마음먹었습니다. 그래서 하루 종일 구걸한 것과 자신의 머리카락을 잘라 번 돈으로 기름을 구해 등불을 밝히고 자신도 부처님과 같이 깨달음을 얻게 되기를 간절히 서원했습니다.

이윽고 밤이 깊어 세찬 바람이 불어오자 다른 사람들이 밝힌 등불은 모두 꺼졌으나 가난한 여인의 등불은 밝게 빛나고 있었습니다. 등불이 다 꺼지기 전에는 부처님께서 주무시지 않을 것이라고 생각한 아난다존자는 가사자락으로 등불을 끄려고 했지만 그 등불은 좀처럼 꺼지지 않았습니다. 부처님께서는 "그 등불이 가난하지만 마음씨 착한 한 여인의 넓고 큰 서원과 정성으로 켠 등불이므로 결코 꺼지지 않을 것이다."라고 말씀하시고, 그 여인에게는 등불을 밝혀 서원을 세운 인연으로 오랜 세월 뒤에 성불할 것이라고 수기(授記, 미래에 성불할 것이라는 예언)를 내리셨습니다.

이것을 '빈자일등(貧者一燈)'이라고 합니다. 불자들이 연등을 밝히는 이유는 가난한 여인 '난다'가 공양한 등불의 참된 의미를 생각하며, 지극한 정성을 다해 서원을 세우기 위함입니다.

문94 예불(禮佛)이란 무엇입니까?

예불이란 부처님께 예배드림을 말합니다. 절에서는 아침저녁으로 부처님께 예배하고 공경하기 위해 조석예불(朝夕禮佛)을 올립니다. 이는 수행의 공식적인 시작이며 하루를 반성하고 마감하는 의식입니다. 아침예불은 다게례(茶揭禮)로 시작하고 저녁예불은 오분향례(五分香禮)로 시작하는데, 예불문(禮佛文)은 아침저녁이 동일합니다.

절의 법당에서 흔히 접할 수 있는 법요집을 보면 일반적으로 맨 앞의 삼귀의(三歸依)와 사홍서원(四弘誓願)을 제외하면 예불문(禮佛文)부터 시작됩니다. 현재 우리나라의 예불문은 오분향(五分香)과 칠정례(七頂禮)로 구성되어 있는데, 이는 오분법신(五分法身)인 부처님께 공양하고 일곱 번의 절을 하도록 되어 있기 때문입니다. 이 예불문은 기존에 사용되어 오던 많은 종류의 예경문을 종합해서 간략화한 것으로서, 1955년 월운(月雲)스님에 의해 정식화되었습니다.

문95 오분향(五分香)과 칠정례(七頂禮)의 내용은 무엇입니까?

오분향례(五分香禮)란 예불을 드릴 때 오분법신(五分法身)께 향(香)을 공양하고 예(禮)를 올리는 것을 말합니다. 오분법신이란 여러 단계의 수행을 거쳐 대·소승의 무학도(無學道)의 지위에 이른 부처님과 아라한이 갖게 되는 법체(法體)를 말합니다.

(1) 오분법신은 계신(戒身)·정신(定身)·혜신(慧身)·해탈신(解脫身)·해탈지견신(解脫知見身)의 다섯 가지입니다.

그래서 조석예불을 드릴 때 '① 계향(戒香), ② 정향(定香), ③ 혜향(慧香), ④ 해탈향(解脫香), ⑤ 해탈지견향(解脫知見香)'이라고 하는 것입니다. 이 분들을 향(香)에 비유한 이유는 다음과 같습니다. 향(香)이란 산스크리트어 'gandha'의 번역어로 건타(健陀)라 음역되기도 하는데, 그 자체로서 계(戒)를 상징하기도 합니다. 그래서 그 냄새를 맡거나 향을 몸에 바르면 오근(五根 ; 눈眼, 귀耳, 코鼻, 혀舌, 몸身)을 청정케 하여 무량한 공덕을 얻게 된다고 전하기 때문입니다.

(2) 칠정례란 오분향례와 헌향진언을 마친 뒤에 삼보에 대해서 예를 갖추는 의식입니다. 그 의례의 차례는 ①시공을 초월한 모든 세계의 스승이신 석가모니부처님, ②온누리에 항상 계신 모든 불보(佛寶)님들, ③온누리에 항상 존재하는 법보(法寶)님들, ④지혜의 화신인 문수보살님, 실천행의 화신 보현보살님, 자비의 화신 관세음보살님, 중생구제의 대원력을 세운 지장보살님의 여러 대승 보살님들, ⑤법화경을 설법한 영산회상에서 부처님의 부촉을 받으신 모든 거룩한 스님들, ⑥부처님의 뒤를 이어 인도와 중국, 그리고 우리나라에서 진리를 깨치신 선지식 스님들, ⑦온 누리에 항상 계신 승보(僧寶)님의 순서입니다.

문96 범종(梵鐘)을 치는 의미는 무엇이며, 하루에 몇 번씩 치는지요?

절에서 치는 종을 대종, 혹은 범종이라고 하는데 아침에는 28번 치고 저녁에는 33번을 칩니다. 삼계(三界) 가운데 욕계(欲界)는 6개의 하늘, 색계(色界)는 18개의 하늘, 무색계(無色界)는 4개의 하늘이 있는데 이를 합하면 28천이 됩니다. 아침에 범종을 28번 울리는 이유는 모든 중생이 하늘나라에 태어날 것을 염원하는 뜻으로 28천에 그 염원이 다 미치게 하고자 하는 것입니다.

욕계 중에서 도리천을 33천이라고도 칭하는데, 이 도리천은 세계의 중심인 수미산(須彌山: Sumeru)의 정상에 있으며 그 동서남북으로 8개씩의 하늘이 있어 모두 33개가 되므로 33천이라고도 칭합니다. 이 하늘에서는 사바세계의 모든 복락(福樂)을 좌우하는 신들이 있으므로 중생들은 복락을 얻기 위해 저녁에는 33번의 종을 울리어 그 염원이 33천에 도달하게 하여 지은 바 업장을 참회하고 서원을 기원하는 것입니다.

새해의 시작에 보신각종을 33번 타종하는 것도 그러한 의미입니다. 또한 3.1운동의 민족대표 33인의 의미도 도리천 33천 하늘님이 보우하시는 가운데 독립운동을 전개해야 한다는, 한용운 스님의 뜻에 의한 것이었습니다.

예로부터 우리나라에서는 33천의 주인을 석제환인다라(釋帝桓因陀羅) 혹은 천주(天主)라고도 불렀습니다. 단군신화의 환인(桓因)은 이 33천의 주인인 석제환인(제석천·인드라)을 말하는 것입니다. 석제환인은 온 우주를 엮는 인연의 그물을 가지고 있는 신으로 유명합니다. 일체 세상 모든 존재가 홀로 있지 않고 첩첩이 겹쳐진 가운데 서로 얽히고 맞끼워져 함께 존재함을 증명하는 중중무진법계(重重無盡法界)의 진리에 비유됩니다.

문97 사찰의 사물(四物)은 무엇입니까?

불교에서는 범종·법고·목어·운판 등 네 가지를 일컬어 네 가지 사찰의 악기라 하여 사물(四物)이라고 합니다. 특히 사찰에서의 사물은 시방세계 모든 중생들을 제도하기 위한 소리 공양구의 의미를 지닙니다. 흔히 사물을 범종각에 모아서 설치하는데, 범종각의 위치는 법당에서 볼 때 오른쪽에 배치합니다. 이것은 불교의 체용설(體用說)과 관련이 있습니다. 체용설에서 체(體)는 본질이고 용(用)은 작용입니다. 위치로 볼 때 체는 왼쪽, 용은 오른쪽에 해당합니다. 즉 소리를 내는 법구인 사물은 용(用)에 해당하기 때문에 그것을 안치하는 범종각을 법당의 오른쪽에 두게 됩니다.

■ 목어(木魚)

목어는 나무를 물고기 모양으로 만들어 속이 비게 하여, 두드려 소리를 냅니다. 항상 눈을 뜨고 있는 물고기의 모양을 만들어 치면서 수행자의 졸음을 쫓고 흐트러진 마음을 바로잡는다는 의미가 있다고 전해지며, 또한 물속에 살고 있는 모든 어족들의 해탈을 위하여 소리를 내는 것이라고도 합니다. 또한 목어에는 아래와 같은 설화가 전해집니다.

옛날 인도에 어떤 절이 있었는데 그곳에 고덕(高德)한 스님이 슬하의 세 제자에게 불법을 가르치며 열심히 수행하라고 경계하였다.

그 가운데 두 제자는 그 스님의 가르침을 잘 받아서 공부를 열심히 하여 나한과를 얻었지만, 다른 한 제자는 스승의 가르침을 자주 어기고 제멋대로 나쁜 짓을 하다가 죽은 뒤에 고래가 되었다. 고래가 되었어도 어족을 잡아먹는 등 행패가 극심했고, 배를 타고 다니는 상인이나 어부에게도 피해를 주어서 그 과보로 몸이 기와집만 하고 등에는 나무가 나서 제법 굵은 기둥만 하게 자랐으므로 파도 속을 헤쳐 갈 때는 그 나무가 거치적거려서 여간 큰 고통이 아니었다.

어느 날, 그 고래는 바다를 지나는 배에 전생의 스승이 타고 있음을 알고 배로 다가가 참회하며 뉘우쳤다. 스승은 고래에게 말했다.

"네가 축생보(畜生報)를 받은 이유는 항상 질투하고 말끝마다 죽어서 고래가 되어서라도 잡아 없애겠다고 입버릇같이 하였으니 그 업에 따라 고래가 되었느니라. 지금이라도 지성으로 참회하고 삼귀오계(三歸五戒)를 받아라. 그러면 고래의 과보를 면할 수 있느니라."

"스님, 지금 당장 삼귀오계를 받겠사오니 소원을 들어주십시오. 이 몸을 해변으로 끌고 가서 죽겠사오니 저의 등 뒤에 난 큰 나무를 베어 도미 모양으로 목어를 조각하여 부처님 앞에 놓고 염불하실 때 모든 어족의 해탈(解脫)을 위하여 쳐주시면 저도 이롭고 모든 어족(魚族)의 복이 될까 하옵니다."

이윽고 고래는 삼귀오계를 받고 몸을 해변으로 끌고 가서 숨을 거두었고, 스님은 고래의 소원대로 고래 등의 큰 나무를 베어 수십 개의 목어를 만들어서 여러 사원에 나누어 주고 고래의 명복을 빌게 하였다.

목탁은 목어가 변형되어 만들어진 것으로 사찰에서는 조석(朝夕)으로 부처님께 분수근행(焚修勤行)을 할 때나 염불·독경

·예배를 할 때 쓰며, 어리석음을 깨우친다는 의미를 담고 있
습니다.

■ 범종(梵鐘)

절에서 치는 큰 종을 대종(大鐘), 혹은 범종(梵鐘)이라고 하
는데, 우리나라에서는 '인경'이라고도 합니다. 범(梵)은 깨끗하
다는 뜻으로 맑고 깨끗한 불교의 일에 쓰이는 법구가 바로 범
종입니다. 범종은 그 소리가 지하에까지 울려 지옥에서 괴로
움을 받는 지옥 중생을 제도하기 위하여 울립니다. 또한 범종
은 하늘나라에 중생들의 구원을 청하는 의미에서 아침에 28번
을 치고, 저녁에는 33번을 칩니다. 범종을 아침에 28번 울리는
것은 모든 중생이 28천의 천상에 나게 할 것을 염원하는 의미
이고, 저녁에 33번의 종을 울리는 것은 33천 도리천에 중생들
의 소원을 전하고 업장을 소멸케 하려는 의미가 있습니다.

■ 법고(法鼓)

법고는 사찰에서 아침저녁으로 예불할 때와 의식을 치를 때
치는 북으로 부처님의 법문에 비교되기도 합니다. 북소리가
널리 퍼지듯 부처님의 설법이 삼천대천세계에 널리 퍼지라는
염원에서 법고를 칩니다. 불법이 중생의 번뇌망상 또는 집착
과 오욕의 마군을 없애듯이, 진을 치고 있던 군대들이 북소리
가 울리면 전진하여 적군을 무찌르는 것에 비유됩니다. 법고
는 특히 네 발을 가진 육축중생(六畜衆生, 소·말·돼지·양·
닭·개)을 건지기 위하여 소가죽으로 만들어 소리를 냅니다.

■ 운판(雲版)

청동으로 된 판을 구름 모양으로 만든 것을 말하며, 허공에 떠돌아다니는 조류우족(鳥類羽族), 즉 새와 곤충들의 괴로움과 아픔을 덜어주고 그들의 해탈과 이고득락(移苦得樂)을 위하여 치는 법구입니다.

문98 불교에서는 왜 염불(念佛)을 하는 것입니까?

염불은 '부처님을 간절히 생각한다'는 의미입니다. 염불의 유래는 부처님 당시까지 올라갑니다. 부처님 재세시에도 공부가 잘 안 되는 수행자들이 있었는데, 그 사람들에게 부처님은 "나를 떠올려서 나를 생각하고 내 가르침을 생각하라."라고 하셨습니다. 그래서 사람들은 부처님이 정진하는 모습과 자비로운 모습, 가르치는 모습 그리고 살아가는 모습을 잊지 않고 명상함으로써 자신도 부처님처럼 수행 정진하는 것을 목표로 삼게 되었습니다. 무엇보다도 염불은 쉽게 행할 수 있는 수행법으로서 대중의 호응이 높았습니다. 어려운 교리를 파고드는 공부를 하지 않아도 극락왕생할 수 있다는 점 때문에 일반 대중이 선호하였습니다. 대승경전에서 삼매에 들어 염불하는 염불삼매를 설하는 것도 같은 맥락입니다. 염불은 업을 없애고 삼매 중에 부처님을 친견하는 것은 물론, 부처님의 나라에 태어나길 발원하면 반드시 거기에 태어난다[念佛往生]고 합니다.

그래서 〈아미타경〉에서는 깨달음을 이루지 못한 사람이라도 임종할 때 일념으로 아미타불을 열 번만 부르면 서방정토에 왕생한다고 하였습니다. 우리나라의 경우, 신라시대의 원효스님이 무애박을 두드리며 "나무아미타불을 지성으로 부르면 극락에 왕생할 수 있다."라고 가르친 이래 염불은 지금까지 불교인의 수행법의 대명사가 되었습니다.

서산대사는 "입으로 외우는 것은 송불(誦佛)이고 마음으로 생각하는 것이 염불(念佛)이다. 입으로만 부르고 마음으로 생각하지 않으면 도를 닦는 데 유익함이 없다."라고 하며 건성으로 염불하는 것을 경계하셨습니다. 염불은 소원을 성취하기 위한 힘찬 음성과 간절한 마음의 염불이어야 합니다. 염불에는 사종염불(四種念佛)이라 하여 아래 네 가지의 방법이 있습니다.

㉠ 칭명염불(稱名念佛) : 부처님의 명호(名號)를 외우는 염불입니다. 부처님의 이름은 부처님의 공덕을 거기에 간직하고 있으므로 이름만 불러도 중생의 업장이 녹고 부처님의 종자가 심어질 수 있다고 합니다.

㉡ 관상염불(觀像念佛) : 부처님의 원만한 덕상(德像)을 관찰하면서 하는 염불입니다. 부처님의 자비롭고 만덕을 갖춘 원만상호를 관찰하면서 하는 염불로서 일반적으로 절의 법당에서 부처님을 우러러보며 앙모(仰慕)하면서 염불하는 방법입니다.

㉢ 관상염불(觀想念佛) : 부처님의 무량공덕을 상념(想念)하면서 하는 염불입니다. 부처님의 광대무변한 지혜와 자비, 무량한 공덕과 능력을 상상하면서 하는 염불을 말합니다.

② **실상염불(實相念佛)** : 실상(實相) 곧, 진리를 관조(觀照)하는 염불입니다. 실상은 불생불멸(不生不滅)하고 불구부정(不垢不淨)한 진공묘유(眞空妙有)의 생명 자체를 의미하며, 진여·여래·주인공·본래면목·제일의제(第一義諦)라고도 합니다. 실상염불은 마음을 천지우주로 해방시켜서 그 가운데 가득 차 있는 그 무엇을 생각하면서 하는, 즉 마음이 실상에 안주해서 잠시도 떠나지 않는 염불입니다. 우선 관념상 "내 몸의 본질도 역시 부처고, 천지만물이 모두가 부처 아님이 없다. 부처뿐이다."라고 생각하면서 하는 염불이면 실상염불이 되고 동시에 염불선이 된다고 합니다.

문99 사경(寫經)의 의미와 공덕에 대해 말씀해주세요.

사경(寫經)은 마음을 집중해서 정갈한 종이에 부처님의 경문을 한 자 한 자 쓰는 일을 말합니다. 경전은 부처님께서 하신 말씀이기 때문에 청정한 마음으로 사경에 임하는 일은 부처님을 마음 깊이 느낄 수 있는 기도이며, 수행입니다. 수행법에서는 일자일배(一字一拜) 또는 일자삼배(一字三拜)라고 하여 한 글자를 쓰고 한 번 절하거나 세 번 절하는 것으로 수행법을 삼기도 합니다.

사경이 수행법으로 좋은 이유는 경을 씀으로써 그 내용을 깊이 이해하게 되고, 마음 깊이 와 닿게 되며, 정성을 들여 경을 쓰는 동안 산란심이 사라지고 마음이 안정되고, 심신이 정화되어 건강해지는 것을 체험할 수 있습니다. 특히 마음이 산란하고 집중력이 약한 현대인들에게는 사경이 더할 나위 없이 좋은 수행방법입니다. 사경은 불교가 발전하고 각 지역으로 전파됨에 따라 경전의 독송과 연구, 포교를 위해 이루어졌으며, 조상의 천도와 공덕, 그리고 권선을 바라는 신행의 차원에서도 많이 이루어졌습니다. 우리나라에서도 신라와 고려, 조선 시대를 통해 수많은 사경이 이루어졌습니다.

문100 절[拜]을 하는 이유는 무엇입니까?

상고시대로부터 우리나라의 전통에서 절[拜]은, 신행의 대상이나 웃어른에게 몸을 굽혀 공경의 의사를 표현하는 예법이었습니다. 절은 인간의 인간다운 도덕의 기본적인 동작이라고 할 수 있습니다. 특히 불교에서 하는 절은 온몸을 땅에 던져서 지극한 존경을 표하는 특수한 절이므로 흔히 오체투지라고 합니다. 불교적인 관점에서 절[拜]을 하는 본래 의미는 자신을 한없이 낮추어 깨달음에 가까이 다가가려는 경배의 행위입니다. 즉 불교에서의 절은 남을 공경하고 존중하는 행동의 표시이고, 교만한 마음을 조복시키는 수행이라고 할 수 있습니다. 부처님께서 절을 하시는 모습에 대해 〈부모은중경(父母恩重經)〉에서는 다음과 같이 설명하고 있습니다.

한때 부처님께서 사위성의 기수급고독원에서 수행자 3만 8천 인과 보살 마하살을 데리고 함께 계셨다. 부처님께서 대중을 거느리시고 남방으로 나아가시다가 한 무더기의 마른 뼈를 보셨다. 그때 부처님께서는 오체를 땅에 던져서 그 마른 뼈에 절을 하셨다.

아난다와 대중이 이를 보고 의아해하며 부처님께 여쭈었다.

"부처님께서는 삼계의 큰 스승이시고 사생의 자비로운 아버지이신
데 어찌하여 여러 사람들이 귀의하여 존경하옵는 부처님께서 마른
뼈에 절을 하시나이까?"

부처님께서 아난다에게 말씀하셨다.

"네가 비록 상수 제자로서 출가한 지 오래되었음에도 아직 아는
것이 넓지 못하구나. 이 한 무더기의 마른 뼈는 혹시 나의 여러 전
생의 조상이나 부모의 뼈일 수도 있다. 그래서 내가 절을 하는 것이
니라."

우리가 수행처로 삼고 있는 절[寺]은 옛부터 절[拜]을 하는
곳이란 뜻으로 순수한 우리말입니다. 따라서 절[寺]은 절[拜]을
가르치는 곳이고, 절[拜]을 배우는 곳이며, 절[拜]을 하는 곳입
니다. 부처님께 절을 하는 것은 부처님의 거룩한 자비와 지혜
가 우리들 마음에 깃들게 하려는 수행이라고 할 수 있습니다.
절을 할 때는 몸은 단정하고 경건한 자세를 갖추고 입으로는
부처님의 명호를 간절히 부르며, 생각은 부처님을 가슴 깊이
새겨야 합니다.

문101 참선(參禪)의 기원과 의미에 대해 말씀해주세요.

불교의 수행법이라고 하면, 누구나 쉽게 떠올리는 것이 참
선(參禪)입니다. 참(參)은 '참구한다, 연구한다'는 뜻이고 선
(禪)은 범어 '드나야(dhyana)'의 음역인 선나(禪那)에서 나(那)를
뺀 것으로 '고요함과 같은 마음 상태'를 말합니다. 그래서 참
선이란 말에는 '선을 참구한다' 또는 '자기의 본성을 참구한

다'는 수행의 의미가 담겨 있습니다. 참선이 번잡한 마음을 가라앉혀 정신을 집중시키는 것이므로 '정(定)'이라 번역하고 음과 뜻을 합해서 '선정(禪定)'이라고도 합니다.

'선(禪)'은 영어로 'meditation'으로 번역되는데, 이것을 한글로 번역하여 '명상'이란 용어로 쓰입니다. 그래서 화두를 드는 간화선의 경우는 'hwadu meditation(화두명상)'이라고 번역합니다.

선(禪)은 불교 이전에 인도의 외도 종교의 수행자들 사이에서도 요가(Yoga), 수정주의(修定主義) 등의 이름으로 수행되어 왔습니다. 이들의 명상법이 불교의 선과 근본적으로 다른 점은 그 목적성에 있습니다. 외도들의 선은 수행자가 선을 통해 창조주 범신(梵神)의 본성과 일체화됨으로써 삼매를 완성하고, 내세에 범천(梵天)이 산다는 천상에 태어남에 목적이 있습니다. 이에 반해서 불교의 선은 연기(緣起)의 원리로 내면의 관찰에 집중함으로써 처음부터 우리의 마음속에 갖추어져 있는 반야지(盤若智)를 발견하여 궁극의 깨달음을 얻고 생사 해탈을 성취하려는 데 목적이 있습니다.

초기불교 경전에 의하면, 석가모니부처님이 출가 후에 먼저 선정주의자인 두 스승 알라라깔라마와 웃타카라마풋타로부터 각각 무소유처정(無所有處定, 마음이 아무 것에도 걸리지 않는 선정)과 비상비비상처정(非想非非想處定, 의식도 무의식도 끊어진 깊은 선정)을 배우고 완성의 경지에 이르렀지만, 이들의 수행은 완전한 열반에 이르는 신행이 아님을 깨달았다고 합니다. 그래서 그다음에는 수정(修定)을 버리고 고행(苦行)으로 나아가 혼자서 여러 가지의 고행을 실천하셨습니다. 그러나 죽음에 이를 정도로 육체를 괴롭히고 호흡을 멈추는 수행, 그리고 단식(斷食)과 절식(絶食) 등은 몸을 해칠 뿐 열반에 이르는 것과는 거리가 멀다고 깨달았습니다. 부처님은 이런 과정을 통해서 수정주의와 고행주의의 두 극단을 떠난 비고비락(非苦非樂)의 중도(中道)적 수행법을 선택하셨는데, 이를 경전에서는 위빠사나(vipassana)수행이라고 전합니다.

부처님이 실천하신 중도의 수행법은 수정주의자들의 지나친 집중 중심의 수행과, 고행주의자들의 극단적인 고행 중심의 수행의 양 극단을 지양한 것이었습니다. 그래서 불교 수행을 대표하는 술어가 사마타(samatha, 止)와 위빠사나(vipassana, 觀)입니다. 사마타는 산란한 마음을 한 곳에 집중하는 선정이고, 위빠사나는 집중된 마음으로 신수심법(身受心法)인 사념처(四念處)의 연기를 관찰하는 것입니다. 즉 불교의 수행은 '집중'만의 수행이 아니라, 관(觀, vipassana)을 함께 병행하는 수행입니다.

이 사마타·위빠사나 수행은 부처님께서 연기법(緣起法)의 진리를 내증하는 데도 적용되었는데, 그것이 바로 구차제정(九次第定)입니다. 색계사선(色界四禪)과 사무색정(四無色定)과 상수멸정(想受滅定)으로 나누어진 아홉 단계의 수행 계위를 말하는 것으로, 주로 근기가 높은 수행자들을 위한 수행법이라고 할 수 있습니다.

재가자를 비롯한 아직 근기가 낮은 이들을 위한 사마타·위빠사나 수행도 제시되고 있습니다. 그것은 중생의 근본 번뇌인 탐진치(貪瞋癡) 삼독(三毒)과 산란심(散亂心)과 그리고 중생의 업장을 다스려 그치게[停止]하는 관법으로서 오정심관(五停

心觀)이라고 합니다. 즉 ① 탐심(貪心)이 많은 중생은 부정관(不淨觀)을 닦고, ② 진심(瞋心)이 많은 중생은 자비관(慈悲觀)을 닦으며, ③ 어리석은 중생은 인연관(因緣觀)을 닦고, ④ 정신이 산란한 중생은 수식관(數息觀)을 닦으며, ⑤ 자아에 대한 집착심이 강한 중생은 계분별관(界分別觀)을 닦습니다.

불교의 모든 수행법은 이와 같이 석가모니부처님 당시에 제시되고 있는 내용들이 계승 발전된 것이라고 할 수 있습니다. 중국에서는 사마타와 위빠사나가 각각 지(止)와 관(觀)으로 직역되었습니다. 그래서 지관겸수(止觀兼修)는 중국불교 수행의 핵심이 되었습니다. 지(止)를 통해서 마음이 안정되는 것을 정(定)이라 하고, 관(觀)을 통해서 지혜가 생기는 것을 혜(慧)라고 하기 때문에, 지관수행은 선종에서 정혜쌍수(定慧雙修)로 계승되었습니다. 특히 중국에서는 보리달마(菩提達磨) 이후 좌선을 근본 수행법으로 삼는 선종(禪宗)이 성립되어 종풍을 크게 떨치게 됩니다.

문102 참회(懺悔)의 의미와 방법은 무엇입니까?

과거에 지은 업을 뉘우치는 것을 참(懺)이라 하고, 뉘우침으로 말미암아 다시는 짓지 않겠다는 것을 회(悔)라고 합니다. 참회는 아만과 아집으로 가득 찼던 자신을 겸허하게 돌아보며 자신의 잘못된 삶과 어리석음은 반성하고, 앞으로 부처님의 가르침대로 올바르게 살아가겠다고 다짐하는, 불교 수행의 첫 걸음입니다.

불교에서는 고통의 과보를 가져올 업을 죄업이라고 합니다. 이 죄에 대한 응보(應報)는 업의 힘에 따라 자기 스스로 받게 되는 것이며, 삶의 방향을 부처님의 세계로 향하는 것을 막고 고통에서 빠져나올 수 없게 가로막게 됩니다. 죄업의 무서움은 육체적인 고통이나 정신적인 고난을 주는 과보로 끝나는 것이 아니라, 보다 큰 새로운 죄업을 짓게 하는 데 있습니다. 그러므로 진심어린 참회를 할 때 새로운 죄업의 씨앗이 사라집니다. 그리고 선업을 지음으로써 과거에 지은 업보들을 소멸하여 나아나갈 수 있게 됩니다. 부처님은 〈사십이장경(四十二章經)〉에서 "악이 있더라도 잘못임을 알아서 과실을 고쳐 선을 행한다면 죄가 날로 사그라져 후일에 가서는 꼭 깨달음을 얻게 될 것이다."라고 말씀하셨습니다.

참회에는 이참(理懺)과 사참(事懺)이 있습니다. 이참은 이치적으로 무엇이 어떻게 잘못되었으며 그 근원은 어디에 있었는지를 알아, 다시는 그런 잘못을 범하지 않도록 하는 것을 말합니다. 과거와 현재에 지은 모든 죄업은 마음에서 생긴 것이며, 자신의 마음이 본래 공적(空寂)한 줄을 알아서 모든 업의 모습도 공적함을 보는 것을 말합니다.

사참은 자신의 잘못을 몸과 말과 뜻으로 드러내어 잘못을 뉘우치고 행동으로 참회하는 것으로서, 몸으로는 부처님께 예배를 드리고 입으로는 부처님을 찬탄하며 마음으로는 과거와 현재에 지은 모든 죄를 참회하는 것입니다. 예로부터 사참의 방법으로 예불(禮佛, 부처님의 명호를 부르면서 절하는 예배)과 독경(讀經)이 많이 행해지고 있습니다.

문103 불교에서 말하는 살생(殺生)의 의미는 무엇입니까?

살생이란 인간이든 동물이든 어떤 다른 생명체이든지 간에 의도적으로 그 존재의 생명을 그치게 하는 행위를 말합니다. 특히 불교에서 말하는 살생은 신구의(身口意) 삼업(三業)을 통해 이루어집니다. 즉 생명을 죽이려는 생각을 일으키는 의도는 의업(意業)에 해당되고, 죽이기 위해 모의를 하거나 주문 외우는 것은 구업(口業)에 해당하며, 죽이는 힘을 가하여 생명 활동이 중단되는 것을 보는 것은 신업(身業)에 속합니다.

즉 어떤 생명을 해칠 때 ① 살생을 위해 탐진치(貪瞋癡) 삼독심(三毒心)을 일으키고, ② 입으로 죽임을 사주하거나 주문으로 저주하는 등 죽임을 찬탄하며, ③ 몽둥이나 칼 등의 무기를 써서 직접 죽이거나 남을 시켜 죽이는 행위를 실행하는, 세 가지 요소는 모두 살생의 조건이 됩니다. 이 세 가지 조건을 모두 갖출수록 죄업(罪業)은 그만큼 두터워지게 됩니다.

문104 직접 생명을 죽이는 것만 살생입니까?

직접 생명을 죽이는 것을 자살자(自殺者)라고 합니다. 자살자는 다른 생명을 직접 죽이는 살생행위(殺生行爲)를 가리킵니다. 그러나 이외에도 직접 살생하는 것에 버금가는 살생업들이 있습니다.

① 교인살(敎人殺)입니다. 교인살은 다른 사람을 설득하여 자신을 위해서나 그 사람 또는 제3자를 위해 살생을 하게 하는 것입니다. 교인살은 사람을 대면해서 살생하도록 가르치거나,

사람을 보내어 살생하도록 시키거나, 글을 써서 설득하여 살생을 하게 하는 등의 경우를 가리킵니다.

② 방편살(方便殺)입니다. 방편살은 어떤 방법을 동원하여 간접적으로 살생하는 것을 말합니다. 즉 음모에 빠지게 해서 죽이거나, 살생을 위한 기구를 사용해서 생명을 잡아 죽이거나, 약을 써서 살생하는 등의 경우를 말합니다.

③ 찬탄살(讚歎殺)입니다. 찬탄살은 죽을 마음이 없는 생명에게 죽는 것을 좋아하게 만들어서 스스로 목숨을 끊도록 하는 것입니다. 죽음이 아름다운 덕이 됨을 역설하고, 죽음을 실천하면 많은 선공덕(善功德)을 성취하게 된다고 부추겨서 죽음의 길로 들어서게 만드는 것을 말합니다. 예컨대 신(神)을 위해 죽는 것을 찬탄하거나 제사를 위해 생명을 바치는 등의 경우를 말합니다.

④ 견작수희(見作隨喜)입니다. 견작수희는 다른 이가 죽이는 것을 보고 따라서 기뻐하는 것을 말합니다. 그 죽은 생명을 내가 좋아하거나 미워하거나 죽음 그 자체를 기뻐하면 견작수희가 됩니다.

문105 부처님께서는 범죄에 대해서 어떻게 설명하셨나요?

부처님은 사람들이 저지르는 범죄에 대해서 "선한 행위는 즐거운 과보를 받고, 악한 행위는 괴로운 과보를 받는다[善因樂果 惡因苦果]."라는 '개인적인 업[私業]'의 관점으로 접근하였습니다. 하지만 다른 한편으로 부처님은 사람들이 빈곤에 허

덕이거나 권력에 의해 핍박당할 때에는 도덕적으로 살아가기가 어렵다는 것을 인정하셨습니다. 이런 사회적 문제로부터 파생되는 범죄는 '함께 짓는 업[共業]'의 관점으로 설명하셨습니다. 예를 들어 도둑들에 의해 국가가 어지럽고 파괴와 약탈 행위가 만연하다면, 이런 지역에서는 과세를 하는 것이 좋지 않다고 설하셨습니다. 또한 빈곤에 의해 발생한 도적들을 사형이나 감금 등의 처벌로 일관해서는 범죄가 줄어들지 않으므로 이들이 안정된 생계를 유지하게끔 적성에 따라 농업과 상업 등의 직업으로 유도해야 세금도 많아지고 왕국의 안정도 찾아 올 것이라고 권장하셨습니다. 즉 사회에 범죄가 늘어나고 만연해지는 것은 구성원들의 공업(共業)이므로, 범죄를 줄이고 예방하기 위해서는 다수의 사람들에게 적절한 생계수단이 제공되고 왕이 권력을 일방적으로 휘두르지 않는 조화로운 정법(正法)의 구현이 필요하다는 점을 강조하셨습니다.

문106 장애인에 대한 불교의 가치관은 어떤가요?

  일각에서는 "전생의 죄업으로 인해서 장애인이 되었다."라는 논리를 불교의 가치관으로 왜곡하는 경향이 있습니다. 하지만 이런 논리는 업설(業說)에 대한 편협하고 그릇된 인식입니다. 불교에서는 무엇보다도 인간의 '번뇌'가 문제이지 '장애'가 문제가 되는 것은 아닙니다. 불교에서는 장애인과 일반인을 구분하고 차별하는 인습적인 편견을 무지(無知)와 무명(無明)으로 간주합니다. 따라서 심신의 장애로 어려움을 겪고 있는 이들을 장애인으로 치부하고 차별하는 행위를 악업(惡業)으로 파악합니다. 오히려 불교는 모든 범부중생들은 저마다의 장애로 번뇌에 속박되어 있는 존재들이므로, 근기에 따른 수행과 지혜의 개발을 통해서 이를 극복하는 데 주안점을 두고 있습니다. 불교 경전에서는 부처님의 수제자들이나 중요한 역할을 하는 재가자들 중에서 장애를 가진 이들이 적지 않게 등장하는데, 이들이 교단에서 소외되거나 보호받는 역할이 아니라 자신의 삶을 주도하는 적극적인 주인공들로 묘사되고 있습니다.

문107 불교경전에 등장하는 장애인은 어떤 분들이 있는지요?

가장 유명한 사람은 부처님 10대 제자 중에서 천안제일(天眼第一)의 아나율(阿那律 Aniruddha) 존자입니다. 그는 시력을 잃어 앞을 볼 수 없었지만 그 실명으로 인해서 천안(天眼)을 얻게 되었습니다. 천안(天眼)이란 멀고 가까움, 안과 밖, 낮과 밤을 불문하고 공간을 초월하여 다 볼 수 있었을 뿐 아니라, 아주 미세한 물질도 능히 보고, 시간을 초월하여 중생들의 내세에 관한 것도 알 수 있는 능력을 말합니다.

또 다른 유명한 사람은 십육(十六) 아라한(阿羅漢) 중의 한 사람인 주리반특(周利槃特, suddhipanthaka) 존자입니다. 그는 지적인 능력이 낮아서 출가한 뒤로 3년 동안 글귀 하나를 제대로 외우지 못했다고 합니다. 부처님은 주리반특이 다른 이에 비해 늦게 깨닫는 근기의 사람이라는 것을 알고, 그로 하여금 동료 수행자들을 위한 이타적 실천과 적절한 지혜수련을

병행하게끔 교육하시어, 결국 주리반특은 깨달음의 길에 들어설 수 있었다고 합니다. 그는 나중에 동료들 앞에 나아가 설법을 할 정도로 존경받는 뛰어난 수행자가 되었고, 오늘날 사찰의 십육나한상에 모셔져 있습니다. 장애에 대한 어떤 편견도 없는 불교의 진면목입니다.

문108 부처님이 말씀하신 이상적인 정치는 어떠한가요?

〈대반열반경(大般涅槃經)〉에 의하면 다른 나라의 침략을 이겨낼 수 있는 부강한 나라의 일곱 가지 조건이 설명되어 있습니다. 이를 '칠불퇴법(七不退法)'이라고 하는데 그 중요한 내용만 요약해보면, ①나라 구성원들의 중지(衆智)를 모아 정책을 결정하며 화합하여 실행하고, ②전승되는 규범을 잘 지키고 사회적 약자를 보호하며, ③연장자와 조상을 공경하며 전통적 종교의례를 존중하고, ④도덕성을 갖춘 고결한 수행자를 봉양하고 존경하는 것입니다. 이 같은 올바른 정치를 위해서 부처님은 올바른 법(Dhamma)에 의거해야 한다고 설하셨습니다. 여기에서 말하는 올바른 법이란 악한 업[惡業]을 배격하고 선한 업[善業]에 의거해야 한다는, 불교의 세속윤리를 말합니다. 불교의 윤리에 의해 통치하는 이상적인 정치가를 전륜성왕(轉輪聖王)이라고 합니다. 전륜성왕은 불교의 윤리를 실현하는 정의로운 왕으로서 모든 계급 계층의 사람들을 인격적으로 동등하게 보호할 뿐만 아니라 심지어 날짐승이나 동물들에게도 피난처와 안전을 제공하는 정치가를 말합니다.

142

참고한 책

『잡아함경(雜阿含經)』
『중아함경(中阿含經)』
『장아함경(長阿含經)』
『증일아함경(增一阿含經)』
『오분율(五分律)』
『사분율(四分律)』
상윳따 니까야 Saṃyutta-Nikāya 〔약호 SN〕
앙굿따라 니까야 Digha-Nikāya 〔약호 DN〕
맛지마 니까야 Majjhima-Nikāya 〔약호 MN〕
앙굿따라 니까야 Aṅguttara-Nikāya 〔약호 AN〕
굿따가 니까야 Khuddka-Nikāya의 Jataka 〔약호 Ja〕
『한글대장경』, 동국역경원, 1965~2001

『불교학개론』, 김동화, 보련각
『불교교리발달사』, 김동화, 불교통신연구원
『불교학개론』, 동국대 교양교재편찬위원회, 동국대출판부
『아비달마의 철학, 사쿠라베 하지메』, 정호영 옮김, 민족사
『불타의 가르침』, Walpola Rahula, 전재성 옮김, 한길사
『인간붓다, 그 위대한 삶과 사상』, 최석호, 중앙불교교육원 출판부
『세계종교사입문』, 한국종교연구회, 청년사

「또 하나의 극단, '최고의 수행법'」, 석호진, 불교평론
「윤회의 공간적·시간적 조망」, 김성철, 불교평론
「붓다의 탄생 전설에 관한 고찰」, 안양규, 한국불교학회
「초기불교 중심교리와 선정수행의 제문제」, 조준호, 불교학연구회

『불교사전』, 동국대역경원
『불교대사전』, 김길상, 홍법원

이 책을 감수해주신 **이만**(李萬) 박사는 동국대학교 불교학과를 졸업하고 동국대학교 대학원 불교학과 석사, 박사학위를 취득하였다.
동국대학교 불교문화연구원 연구원, 미국 캔사스 주립대학 심리학과 교환교수, 동국대학교 경주캠퍼스 불교학과 교수로 재직했으며, 불교문화대학 학장과 불교문화대학원 원장을 역임하였다. 주요 논문으로는 〈고구려 의연의 유식교학〉·〈백제 의영의 유식사상〉·〈법상관계 논소에 인용된 신라인의 찬술서〉(Ⅰ,Ⅱ,Ⅲ) 등 50여편이 있으며, 주요 저서 및 번역으로는 《유식학개론》·《한국 유식사상사》·《신라 태연의 유식사상 연구》·《성유식론 주해(마음의 구조와 작용)》·《유식사상》 등 다수이다.

현대인을 위한

불교 상식 108문답

1판 1쇄 발행 2018년 5월 20일

판 권
본사소유

감수 / 이만 교수
지은이 / 한영출판사 편집부 外
 *출간에 참여하신 분들
  범철스님(범어사 승가대학, 現 부산 기장 금산사 주지 / 기획)
  돈조스님(통도사 강원, 現 사천 용운사 주지 / 문답구성)
  최진혁(동국대 경주캠퍼스 불교학과 석사, 現 한영출판사 대표/집필 주간)
  그외 책의 구성과 자료수집에 도움을 주신 모든 분들께 감사드립니다.
펴낸곳 / 한영출판사
펴낸이 / 최진혁
교열 / 이덕기(경북대 국문학 박사수료, 동대학 글쓰기 강의교수)
       박상규(생태인문 잡지 〈이삭〉 편집장, 동화사 승시 축제 세미나 기획위원)

등록 / 1975-000003호
주소 / 대구광역시 중구 태평로 1가 187 태평라이프 330호
전화 / (053)423-6690, 423-7790
팩스 / (053)423-7790

정가 : 5,000원
ISBN 978-89-88670-68-2 03220